教育，这样可以更美好

黄国臣◎著

JIAOYU
ZHEYANG KEYI
GENG MEIHAO

華中師範大學出版社

新出图证（鄂）字10号

图书在版编目（CIP）数据

教育，这样可以更美好/黄国臣著. —武汉：华中师范大学出版社，2024.4

ISBN 978-7-5769-0371-3

Ⅰ.①教…　Ⅱ.①黄…　Ⅲ.①小学教育—教育研究　Ⅳ.①G622.0

中国国家版本馆CIP数据核字（2023）第244501号

教育，这样可以更美好

©黄国臣　著

编辑室：第一分社　电话：027-67867317

责任编辑：易　雯　责任校对：童　雯　封面设计：胡　灿

出版发行：华中师范大学出版社有限责任公司

社址：湖北省武汉市洪山区珞喻路152号　邮编：430079

电话：027-67863426（发行部）

网址：http：//press. ccnu. edu. cn　电子邮箱：press@mail. ccnu. edu. cn

印刷：武汉中科兴业印务有限公司　督印：刘　敏

字数：225千字

开本：710 mm×1000 mm　1/16　印张：13.75

版次：2024年4月第1版　印次：2024年4月第1次印刷

定价：69.00元

欢迎上网查询、购书

序　一

美好，是人类的共同向往，也是人类的永恒追求。美好，既有物质生活的美好，也有精神世界的美好。美好，是一个目标，也是一个过程，是一种体验，也是一种结果。

习近平总书记指出：人民对美好生活的向往，就是我们的奋斗目标！作为教育工作者，人民对美好教育的向往，既是我们孜孜以求的目标，也是我们责无旁贷的使命！

在追寻美好教育的历程中，黄国臣和他的同事们，以“人人享有美好校园生活，个个拥有美好校园回忆”为愿景，在探索中实践，在实践中创新，共创美好教育，共享教育美好，取得了累累硕果，提升了办学品质，赢得了人民满意，擦亮了华中师范大学基础教育合作办学的名片。

扎根中国，融通中外，立足时代，面向未来，这是一个开放时代的教育必然的追求。拜读黄国臣的书稿《教育，这样可以更美好》，我感受到华中师范大学附属惠州大亚湾小学全体教职员工深深的教育情怀，及其在校家社协同育人实践中共创美好教育的生动故事。

多主体协同育人。书稿从“教师这样更美好”“校长这样更美好”“家长这样更美好”及“学校这样更美好”四个部分进行整体构建和阐述，清晰地展现了不同教育主体对“美好教育”的使命与担当，呈现的是“多方协同、百舸争流、齐头并进、共建共享”的生动局面。

与时俱进求真知。在当今世界百年未有之大变局中，黄校长及其团队既脚踏实地，又抬头看路，与时俱进深入真知。《美好教育诗意前行》《专业发展新引领》《设计高质量作业》《问卷看“双减”展示新变化》等，从当今教育的“双减”、评价改革、作业设计等方面不懈探索，去探寻教育规律与真知。

锐意创新促发展。创新，是一个民族发展的不竭动力。创新，也是一所学校、一位校长、一名教师出类拔萃的关键所在。《美好教育提质增效》《实施新课程方案促进学生全面发展》《校长写评语好处多》《从人生“三问”谈专业成长》等，从学校创新、课程创新、校长创新、教师专业成长创新等方面进行了探索，取得了突出成效。

狠抓落实提效能。说一千，道一万，关键在于落实。黄校长重视工作落实，狠抓工作落实。《管理要精细化》《关键在于抓落实》《用心做事解难题》《完美收官“三件事”》《齐抓共管家校交流群》等，无不体现他抓落实的作风，由此也极大地提升了学校治理效能。

美好的教育永远在路上，只有不懈努力方能不断接近目标；美好的教育需要更多人的践行，期待黄校长和他的团队再创佳绩，也期待更多有识之士能扎根中国大地，以深厚的教育情怀和务实求真的作风诠释更加美好的教育。

华中师范大学

雷万鹏

2023 年 8 月 18 日于桂子山

序　二

暑期伊始，我收到了黄国臣校长通过微信发来的书稿《教育，这样可以更美好》的电子文档。在微信留言中，他恳请我给予指导并为该书作序。虽然我与他从未谋面，但我真的为他高兴，并欣然接受他的邀请。

我曾担任中国教育报刊社《教育改革情报》执行主编，我们的使命主要是从全国各类报纸杂志、各类网络平台以及读者投稿中搜集反映教育热点、难点、疑点的解决策略，然后择优汇编，供教育部决策参考，同时也供全国教育系统的同行学习交流。在编稿组稿过程中，我多次编发了来自华中师范大学附属惠州大亚湾小学黄国臣校长的稿件，因而我们成了微友。

在《教育，这样可以更美好》的书稿中，我看到了我过去编发过的很多稿件，倍感亲切，依然觉得具有独特的价值，如《依托“六个优化”提高教学质量》很好地体现了学校如何贯彻落实教育部等 8 部门推进的《进一步增强中小学办学活力》的基层行动，《践行美好教育创建美好课堂》则体现了基层学校持续深化课程改革的多元化探索，《协力保障学生睡眠》等文章则彰显了家校社各方协同育人的使命和担当，《教师专业发展评价：怎么看？怎么办？》《从问卷看“双减”带来的新变化》则集中体现了数据赋能的调研新成果。

在《教育，这样可以更美好》的书稿中，我也看到我们报刊社其他刊物编发过的很多稿件，真的为黄国臣的勤奋、执着和智慧点赞！其中有曾发表在《中国教育报》上的《美好教育诗意前行》等文章，有曾发表在“中国教育之声”微信公众号上的《校长给教师写评语，好处实在太多》《家校交流群要解决好“谁来管、如何管、管什么”的问题》《开学检查需要不断创新》等文章，也有发表在中国教育报刊社蒲公英评论网上的《反思是一剂良药》《集团化办学管理者要有辩证和创新的发展思维》《提高教育质量需要学校落实“教学中心”》《金杯银杯不如老百姓的口碑》[①] 等文章。每一篇文章，都是一

---

① 文章标题与内容均有删改。

种行动的探索、思想的升华。

在《教育，这样可以更美好》的书稿中，我还看到了他近年来撰写的很多高质量的作品，如《好校长“好”在哪里》，饱含他的实践与思考；《找准死结绳自解》则为教育主管部门及中小学校破解安全与素质教育的关系打开了一扇窗；《课题研究必须走出“四个误区”》直面问题，针对性强；《如何写好学生评语》言简意赅，方法适用；《学深悟透践行》《教师专业成长的路径与策略》则为教师成长指明方向；《配合学校是家长义不容辞的责任》等文章对家长和学校的教育边界进行了科学划定。

在《教育，这样可以更美好》的书稿中，我更看到了黄国臣的探索与实践、智慧与创新！

仅此代序！

中国教育报刊社　刘博智

2023 年 8 月 18 日于北京

目　录

第一部分　教师这样更美好

第二部分　校长这样更美好

第三部分　家长这样更美好

第四部分　学校这样更美好

第一部分　教师这样更美好

师者，传道、授业、解惑也，身正为师，学高为范。
美好，既是教师的职业必然，也是教师的事业使然。
追寻教育的美好，教师这样做，可以更美好！

1. 新学期要有新目标

岁月轮回，万象更新。新的学期教师们需要拿出新举措，展示新气象，确立新目标，实现新超越。

一、什么是目标

对“目标”，词典是这样解释的：一是射击、攻击或寻求的对象；二是想要达到的境界或目的。所有目标都具有主观性、方向性、现实性、社会性和实践性。主观性，即人对活动预期结果的主观设想，是在头脑中形成的一种主观意识形态。以主观意识反映客观现实的程度，可分为必然目标、或然目标和不可能目标。方向性，即活动的预期目的，为活动指明方向。现实性，即目标的价值性，可操作性构成了目标的现实性。从现实目标满足期望程度看，有理想目标、满意目标、勉强目标和不得已目标。社会性，即目标因受社会政治、经济制度、文化传统、意识形态制约而具有社会性。实践性，即只有通过实践活动才能实现目标。

二、为什么要确立目标

确立目标有四大作用：一是指明方向。确立了新目标，就指明了新学期努力的方向。二是激励自我。目标具有强烈的激励作用。确立新目标后，才能调动潜能，尽力而为，创造最佳成绩。在达到目标后，才会产生成就感和满足感。有学者曾研究目标对打字员、司机、电脑数据录入员、装卸工人及某些服务人员的激励效果，结果显示，明确的工作目标可使工作绩效提高11%～17%。三是凝聚共识。教师通过在学校总目标下确立各自新目标，使学校总目标得以分解，同时凝聚学校共识。四是自我评价。期末进行工作总结时，可以对照期初确立的目标进行自我评价。

三、怎样确立新目标

一是目标必须协调一致。协调一致，即每一条线、每一个处室、每一位教师的目标都必须在学校总目标下确立，分解学校总目标，不能各敲各的锣、各打各的鼓、各说各的话。

有个人经过一个建筑工地，问那里的石匠们在干什么。三个石匠有三种不同的答案。

第一个石匠回答："我在做养家糊口的事，混口饭吃。"

第二个石匠回答："我在做整个国家最出色的石匠工作。"

第三个石匠回答："我正在建造一座大教堂。"

三个石匠的回答给出了三种不同的目标：第一个石匠说自己做石匠是为了养家糊口，这是短期目标导向的人，只考虑自己的现实需求，没有大的抱负；第二个石匠说自己做石匠是为了成为全国最出色的匠人，这是职业思维导向的人，做工作时只考虑本职工作，只考虑自己要成为什么样的人，很少考虑组织的要求；而第三个石匠的回答说出了目标的真谛，这是经营思维导向的人，思考目标的时候会把自己的工作和组织的目标关联，从组织价值的角度看待自己的发展，这样的员工才会获得更大的发展。

德鲁克说，第三个石匠才是一个管理者，因为他用自己的工作影响着组织的绩效，他在做石匠工作的时候看到了自己的工作与建设教堂的关系，这种人的想法难能可贵。

中松义郎的"目标一致"理论讲的就是这一点，一个人的目标与组织的目标越一致，这个人的潜能就发挥得越大，就越有发展。

二是目标必须层次清楚。层次清楚，即目标具有层次性，不同层次目标略有不同。各线目标要分解学校总目标，各处室目标要分解各线目标，教师目标要分解各处室目标。同时，各线、各处室、各教师确立的目标要分关键目标和一般目标，近期目标、中期目标和长远目标，区别对待，分步实施。

山田本一是日本著名的马拉松运动员。他曾在 1984 年和 1987 年的国际马拉松比赛中两次夺得世界冠军。记者问他是凭什么取得如此惊人的成绩的，山田本一总是回答："凭智慧战胜对手！"

大家都知道，马拉松比赛主要是运动员体力和耐力的较量，爆发力、速度和技巧都是其次。因此对于山田本一的回答，许多人觉得他是在故弄玄虚。

10 年之后，这个谜底被揭开了。山田本一在自传中这样写道："每次比赛之前，我都要乘车把比赛的路线仔细地看一遍，并把沿途比较醒目的标志画下来，比如第一标志是银行；第二标志是一棵古怪的大树；第三标志是一座高楼……这样一直画到赛程的结束。比赛开始后，我奋力地向第一个目标冲去，到达第一个目标后，我又以同样的速度向第二个目标冲去。40 多公里的赛程，被我分解成几个小目标，跑起来就轻松多了。开始我把我的目标定在终点线的旗帜上，结果当我跑到十几公里的时候就疲惫不堪了，因为我被前面那段遥远的路吓到了。”

目标是需要分解的，一个人制订目标的时候，要有最终目标，比如成为世界冠军，更要有明确的绩效目标，比如在某个时间内成绩提高多少。

最终目标是宏大的，引领方向的目标；而绩效目标是具体的、有明确衡量标准的目标，比如在四个月内把跑步成绩提高 1 秒，这就是目标分解；绩效目标可以进一步分解，比如在第一个月内提高 0.03 秒等。

当目标被清晰分解后，目标的激励作用就显现了，当我们实现了一个目标的时候，我们就及时得到了一个正面激励，这对于培养我们挑战目标的信心是非常重要的！

三是目标必须切实可行。确立的目标应建立在对个人能力和外部环境进行仔细分析的基础上，有充分的客观依据，既不能太高，可望而不可即，也不能太低，信手即可拈来。要“跳一跳”才能“摘桃子”。

有个同学举手问老师：“老师，我的目标是想在一年内赚 100 万元！请问我应该如何计划我的目标呢？”

老师便问他：“你相不相信你能达成这个目标？”他说：“我相信！”老师又问：“那你知不知道要从事哪些行业才能达成这个目标？”他说：“我现在从事保险行业。”老师接着又问他：“你认为保险业能不能帮你达成这个目标？”他说：“只要我努力，就一定能达成这个目标。”

老师说：“我们来看看，你要为自己的目标做出多大的努力。根据我们的提成比例，100 万元的佣金大概要做 300 万元的业绩。一年是 300 万元业绩。一个月是 25 万元业绩。每一天是 8300 元业绩。每天要达到 8300 元业绩，大概要拜访多少客户呢？”

他回答：“大概要 50 个人。”老师接着说：“那么一天要 50 人，一个月要 1500 人；一年呢？就需要拜访 18000 个客户。”

这时老师又问他：“请问你现在有没有 18000 个 A 类客户？”他说没有。老师又问：“如果没有的话，就要靠陌生拜访。你平均一个人要谈多长时间呢？”他说：“至少 20 分钟。”老师说：“每个人谈 20 分钟，一天谈 50 个人，也就是说你每天要花大约 16 个小时与客户交谈，还不算路途时间。请问你能不能做到？”他说：“不能。老师，我懂了。这个目标不是凭空想象的，是需要凭着一个能达成的计划而定的。”

目标不是孤立存在的，目标与计划是相辅相成的，目标指导计划，计划的有效性影响着目标的达成。所以在执行目标的时候，要考虑清楚自己的行动计划，怎么做才能更有效地完成目标，这是每个人都要想清楚的问题；否则，目标定得越高，效果越差。

四是目标必须明确具体。确立的新目标要便于衡量，而不是笼统、空洞的口号，应尽可能用数量表示出来。

“请你告诉我，我该走哪条路?”

“那要看你想去哪里?”猫说。

“去哪儿无所谓。”爱丽丝说。

“那么走哪条路也就无所谓了。”猫说。

——摘自刘易斯·卡罗尔的《爱丽丝漫游奇境》

这个故事讲的是人要有明确的目标，当一个人没有明确的目标的时候，自己不知道该怎么做，别人也无法帮你！天助先要自助，当自己没有清晰的目标的时候，别人说得再好也是别人的观点，不能转化为自己的有效行动。

五是目标必须保持相对稳定。目标一经确定就要相对稳定，不能朝令夕改，但是根据各自内外环境的变化可以及时调整。

确立新目标是我们实现新目标的基础和前提。要实现新目标，还有一个漫长的实施过程，需要我们拿出新举措，付诸新努力，苦干实干加巧干。否则，确立的这些新目标就会成为空中楼阁、水中明月、纸上空文。

2. 新教师要有“心”准备①

铁打的营盘流水的兵。学校在发展，教师队伍在更新。每年新学期开学，各学校都会有一定数量的新教师加入。作为一名新教师，需要做好哪些方面的准备才能快速地适应新角色、新岗位、新要求呢？

一、确立两个小目标

一个小目标是让自己爱上学生。我们都知道，没有爱就没有教育。但是，我们需要知道的是，有爱也不一定就有教育，还需要我们会爱！要爱每一个学生，爱每一项工作，更要爱后进学生、困难学生。沧海横流方显英雄本色！攻难克坚定当出类拔萃！

另一个小目标是让学生爱上自己。“亲其师，方能信其道”这个道理我们都懂。至于如何让学生爱上我们，相信每一位教师也都有自己的招数，不懂就问，不会就学，可以问身边的老教师，也可以向书本学习。

二、养成两种好习惯

细节决定成败，性格决定命运，习惯伴我成长。

一个是阅读的好习惯。苏霍姆林斯基指出：读书，读书，再读书——教师的教育素养就取决于此。多读书、读好书，将会使我们的底色更厚实、教育更机智。与书本交朋友，犹如与圣贤对话。

另一个好习惯是反思。孔子曰：学而不思则罔。美国著名学者波斯纳曾说过：教师成长＝经验＋反思。

我们每一位教师都希望自己尽快成长为一位合格、优秀甚至卓越的教师，那么，就让我们养成阅读、反思的好习惯吧！

三、结拜两位好老师

牛顿曾说：我之所以看得更高更远，是因为我站在巨人的肩膀上。作为

---

① 本文曾在“校长派”微信公众号上发布，原标题为《面对新教师，校长该讲些啥》，收录时有修改。

一位新老师，未来肯定是属于我们的。但是，想要把未来牢牢把握在自己的手中，我们一定要站在巨人的肩膀上。这里的巨人，就是我想说的两位好老师。

一位是需要我们神交的好老师。他不认识你，但是你或许知道他，他也许还健在，也许不在人世；他也许是中国人，也许是外国人。但他们有一个共同的名字——教育名家。如何神交？就是了解他的成长经历，品读他的经典著作，学习他的报告讲座或课堂实录，持之以恒，领悟思想。

另一位是我们身边的好老师。他们比你早几年入职，经验更丰富一些，有很多经验可以供你们汲取。要多向他们请教，借助他们的力量，站在他们的肩膀上，登高望远，成就自我。

四、做好两个方面的准备

一是生活方面的准备。兵马未动，粮草先行。从参加工作之日起，我们就要安排好衣食住行问题，穿什么衣服去面对学生，一日三餐怎样解决，住在什么地方，每天上下班如何安排，一切都要以有利于工作的角度去思考、去准备。因为，安居才能乐业。

二是工作方面的准备。关于工作方面的准备，至少要做到以下四个方面。

1. 再学政策。为什么是再学？因为部分教师有过教育经历，对教育的相关政策有一定的了解，有的教师在考试前的复习准备中也或多或少学过相关政策。虽然不少教师已经学过，但可能学得不全面、不深入。所以是再学。在开学前后的一段时间内，我们需要重点再学的是大家任教学科的课程标准和中国学生发展核心素养。这是指导我们教育教学的两个纲领性文件。

2. 了解学校。既然成为一名光荣的人民教师，我们就要了解这所学校的方方面面，包括校容校貌、校园文化、管理制度等。近期要重点了解学校内部管理制度，特别是教育教学常规工作要求、教师岗位职责等。对于教学常规工作，备课、上课、辅导、批改、考试的具体要求，这是我们必须认真研读的。对于岗位职责，被安排在什么岗位，就要重点学习什么岗位的职责，如班主任既要学习班主任岗位职责，还要学习所教学科教师岗位职责；既要学习教学方面的职责，还要学习德育、安全方面的职责，落实全员德育、一岗双责。

3. 编制计划。凡事要先谋而后动。根据学校工作分工，每一位教师都要根据自己的岗位撰写工作计划。班主任要撰写班主任工作计划，所有教师都要撰写教学工作计划。但是这些计划都要根据学校计划来拟定，班主任工作计划要依照学校德育工作计划、少先队工作计划等来撰写，教学工作计划要根据学校工作计划来撰写，分解和落实学校工作计划。

4. 认真备课。台上一分钟，台下千日功。精彩课堂的背后都是默默的付出。提高教育教学质量，关键在课堂教学效率；提高课堂教学效率，关键在备课。因此，我们一定要认真备好课。

（1）认真研究。要认真研究教材，认真研究教师用书，认真研究作业。备课前要把教材编排意图弄清楚，教学思路搞明白，课后作业布置准确。

（2）了解学生。备课首先是备本，包括教材、教师用书、作业等书本；其次要备人，要了解学生的个性特点和基本学情，根据学生的情况来设计教学流程。对症下药方能药到病除，收获预期效果。

（3）拟定目标。一节课要达到什么目标？怎么设计？教师用书是怎样描述的？对这些目标，我们要结合学情把它们量化、具体化，做到可检测。

（4）选择方法。目标确定后就要根据教材的内容、学生需要和教师本人的实际，选择最合适的方法。

（5）制定流程。流程就是整堂课的教学过程。在教学流程设计上，一定要坚持以学生为中心，以学生的学习为中心，杜绝满堂灌。

（6）设计板书。随着教育信息化的发展和课堂信息化教学手段的广泛应用，课堂板书经常被忽略。其实，板书是一节课的关键，是一节课的核心，是一节课的灵魂，我们绝不能忽视！

3. 上好开学第一课

新的学年已经开始，无论是老同学还是新同学，他们都背着书包高高兴兴地来到了美丽的校园。开学之初，如何给孩子们的新学期留下浓墨重彩的第一笔？如何让我们的学校赢得“成功一半”？除了学校书记和校长会在开学典礼上为全体师生上好开学思政第一课外，还需要我们每一位教师在课堂上上好以下“四个”开学第一课。

一、上好开学安全教育第一课

安全不在，何谈教育？因此，我们务必抓住开学的有利时机，为孩子们上好开学安全教育第一课，让孩子们知晓校园安全注意事项，增强校园安全防范意识，提高安全防范技能。要加强学生乘坐车辆安全教育，引导孩子不乘坐“三无”车辆，不乘坐超载超速车辆；要加强学生的课间活动安全教育，不追赶打闹，不攀爬栏杆；要加强学生出操安全教育，上下楼梯靠右行走，不在楼道下蹲系鞋带；要加强学生携带物品安全教育，不带小刀等锐器或打火机等易燃易爆物品进入校园；要加强学生防溺水、防性侵等知识的教育，消除无谓伤害。

二、上好开学文明礼仪第一课

雅言雅行，向善向美，每一位师生都要为之而努力。因此，我们要抓早抓小，切实上好开学文明礼仪第一课。开学文明礼仪第一课既包括文明行为的教育，又包括文明习惯的教育，还包括文明用语、文明衣着、礼貌修养等方面的教育。加强文明礼仪教育，要从基本的坐、立、行、走起步，培养落落大方的行为习惯；要从孝敬父母、尊敬老师入手，培养温文儒雅的文明礼仪；要从爱同学、爱老师、爱学校、爱社区、爱家乡开始，培养高尚的爱国情怀；要从勤奋好学、热爱劳动抓起，培养良好的个性品质。

三、上好开学校纪校规第一课

没有规矩，不成方圆。在当今这个崇尚自由的时代，我们尤其需要加强对孩子的纪律和规矩教育，上好开学校纪校规第一课。要用孩子们的语言引导学生理解学校的办学理念、培养目标和“一训三风”，要让每一位学生都牢牢记住并逐步理解学校的学生誓词，以此激励学生，同时约束学生的行为；要引导学生学习优秀班级、优秀学生等评选标准，并自觉遵守评选标准，鼓励孩子们争先争优；要学习理解自主管理、快乐争章实施方案，充分信任学生，放手让学生在校园里自由翱翔，使孩子们在争章晋级中充分发挥自己的潜能；要通过校纪校规教育，引导孩子们眼中有纪，脑中有规，心中有戒。

四、上好开学常规教学第一课

教育教学始终是我们学校的中心，这个定位永远不能改变，也永远不会改变。在新的学期开始之际，我们更要上好开学常规教学第一课。要认真研究教材，深入了解学生，精心编写教案，充分做好课堂教学预设，以不变应万变；要积极践行办学理念，努力探索高效课堂建设路径，将教师教转变为学生学，将学生学转变为学生玩，让孩子们在学中玩，在玩中学；要迅速调整状态，努力振奋精神，以饱满的工作热情和高昂的工作激情投入新学期的教育教学当中，在感染学生的同时充分调动学生的学习积极性。

一年之计在于春，一日之计在于晨，一期之际在于开学第一课。俗话说，好的开局，就等于成功了一半。如果我们每一位教师扎扎实实地上好开学安全教育第一课、上好开学文明礼仪第一课、上好开学校纪校规第一课、上好开学常规教学第一课，我们新的学期必将成功一大半。

4. 有效教学须“三方”

有效教学主要指在一定的教学投入（时间、精力、努力）内，通过教师的教学，学生获得具体的进步和发展，带来最好教学效果的卓有成效的教学。学生是否获得进步和发展是衡量课堂教学有效性的唯一尺度。怎样才能实现有效教学呢?

其一，明方向。何为方向?就是要到哪里去。对于我们的课堂教学而言，就是这节课的教学目标是什么。虽然教师们备课时首先就是写教学目标及重难点，但是我们的教学目标是照抄教师用书或借用出版教案，还是结合学情确定的?是以教为主的目标还是以学为主的目标?是抽象的还是具体的目标?是笼统的还是用数据量化的目标?目标是否可检测?这些都是好的教学目标中的关键因素。有方向、有目标并不难，难的是方向正确、目标具体；难的是在教学过程中能否始终朝着正确的方向、具体的目标引领学生前行；难的是能否引领学生沿直线或尽可能少走弯路，向正确的方向、具体的目标前行。这就是方向的有效性。我们要切记：方向永远比行动更重要！只有有效的方向或有效的目标才可能促成有效教学。

其二，优方法。如果说方向、目标是有效教学的基础和前提，那么方法则是有效教学的核心和关键。方法既包括教法，也包括学法，在“以生为本”理念下，“以学定教”成为必然。因此学法很重要，需要教师指导学生如何去有效地学习。而教法更重要，学法需要教师教，学生学习中的疑难杂症更需要教师教。学法的教学是一个“从扶到放”的过程，也是一个循序渐进的过程；课堂疑难杂症的教法需要根据学生的学习情况去调整，所以要有充分的课堂预设，包括充分考虑学生在学习每一环节、开展每一活动、回答每一问题中出现的各种可能。针对出现的各种可能，教师在备课中也要制定相应的最佳教学方法或教学策略。只有这样，我们才算把备课中“备学生”落到实处。“备学生”时，教师对学生的学习情况预设得越充分，教师的教法才会应对得越自如，课堂教学才越有序、越流畅、越有效。只有基于学情、学法、学程（学习过程）的教法才是真正有效的方法，而只有有效的方法才可能实现有效教学。

其三，达方位。方位就是根据罗盘的罗经点而定的位置。结合教学，这个方位就是指教学过程中学生学习目标达成情况所处的具体位置，是通往方向或目标中的一个个不断变化的点。因此，在教学过程中，教师要引领学生沿着正确的方向、朝着具体的目标出发，一路行走，一路定点，依据方位不断调整教学，使学生方位更接近正确的方向、具体的目标。所以，教学过程与其说是实现教学目标的过程，不如更形象地说是实现学生学习中所处的方位与教学目标趋向重合的过程。学生所处方位距离教学目标越接近、越趋向重合，方位就越有效，教学就越有效。反之，学生所处方位距离教学目标越远，方位就越无效，教学就越无效。因此，学生所处方位与教学目标的趋重性就是有效方位，是评价有效教学的最终标准。

明方向、优方法、达方位三者不是互相孤立的，而是有机联系的整体。明方向是前提，优方法是关键，达方位是根本。只有明确的方向、优化的方法，才可能有达标的方位；只有达标的方位，才称得上真正的有效教学。

5. 扎实开展日教研

科学技术是第一生产力。对学校而言，教育科研也是提高学校教育教学质量的第一生产力。为此，很多学校都会定期组织教师开展教研活动，绝大多数都以学期或月或周为单位开展。但真正能够产生实效的则是教研的经常化、常态化、泛在化的研究，教师人人、时时、处处都可以研究。为此，日教研成为我们的一个重要抓手，力争通过日教研这一平台，促进教师专业成长、迅速成长和共同成长，着力培养出一批教育家型的教师。

何时研？研什么？如何研？会不会加重教师的工作负担？究竟怎样开展才能实现轻负担、高效率、受欢迎？针对教师们的疑问与困惑，我想谈一己之见。

何时研？这是一个时间问题。我们教师现在每周课时都比较多，工作也很忙，平时难得聚到一起，教研组长可以根据每天各位组员的课表，把大家没有课的时间勾出来，寻找交集，这就是每天的日教研时间。教研组长还可以调整课表或者保证绝大多数组员能够参加，但绝不能以时间为借口来应对日教研。日教研不用太正式，时间也不用太长，大家聚到一起，围绕一个或几个小问题，研完即止。

研什么？这是一个内容问题。教研教研，与其说是教研，还不如说是研“教”，就是研究教学中的问题与困惑，寻求解决之道。作为日教研，更应如此，研究每天教学前或者教学后的疑点、难点和创新点。何谓疑点？就是教学前教师备课时拿不准的问题。何谓难点？就是教学后学生作业中反映出的共性问题。何谓创新点？就是教学中教师独特的教学设计、方法、策略、艺术收获中出其不意的部分。我以为，日教研，就是要围绕教学前后做文章，力争每次都能解决教学中的1—2个问题与困惑，产生茅塞顿开的效果，实现共同成长。教研组长在记录中只需要记载研究主题即可，无须记载具体内容。

如何研？这是一个方法问题。日教研源自很多大型医院的医生晨会制度，由科室主任组织本科室医生集中对各位疑难危重病人情况进行通报会诊，大家各自提出治疗意见和建议。我们教师的日教研究竟该如何研呢？一是组长主导式，即教研组长在组员都在场的情况下主动询问了解大家当日教学前后的问题与困惑，组员针对问题与困惑发表自己的见解，最后形成一致意见。二是组员询问式，即组内教师把自己教学前后的困惑与问题提出来，向教研组长和组内其他教师虚心求教，不放过一个疑点。三是自由分享式，即大家把各自教学前后的独到之处说出来，与组内教师一起分享，探究成功的秘诀或问题的关键。无论如何研，必须确保研有所获。

教而不研则浅，研而不教则空。教学教研相生相伴，犹如一对孪生兄弟密不可分。苏霍姆林斯基说过：如果你想让教师的劳动能够给教师带来乐趣，使天天上课不至于变成一种单调乏味的义务，那你就应当引导每一位教师走上从事教育科研这条幸福的道路上来。

老师们，为了我们快乐地教，为了孩子们快乐地学，让我们赶快投身到每一天的日教研中去吧！

6. 大胆放手 自主管理

记得刚参加工作不久，就听到一位优秀班主任的经验介绍，“其实我没有什么高招，就是敢于放手，让学生自己去管理自己。凡是学生能做的事情，让学生自己去做；凡是学生不能做的事情，就指导学生自己去做”。

现在再看，其实这位教师实行的就是学生自主管理。

推行学生自主管理，对于一位教师而言，不是增加负担，而是减轻负担的重要手段。新的学期即将开启，教师如何推行自主管理呢？

一、选拔一批敢抓敢管的干部队伍

自主管理的主体是学生，核心是班级内各类干部。要在班级内推行自主管理，首先要选拔一批敢抓敢管的班队干部。如何选？当然是学生们自己选，绝不能由教师直接指定，这样一开始就会使自主管理失去意义。教师要引导学生制定班级内各类干部的基本标准，然后对照标准采取个人自荐、同学推荐、教师提名等多种方式产生候选人，最后通过竞争性演讲、学生投票确定班队干部队伍。当然，对选出来的干部队伍，也要定期进行工作指导、信任投票，对表现优秀的，给予表扬和奖励；对不太称职的，要由学生代表或班主任进行“诫勉”谈话，帮助其改正缺点与不足；对完全不称职的，要由学生“罢免”，选举产生新的人选。当然，为提高学生整体的自主管理能力，班队干部也可以实行每月选举轮换制度，让每一位学生都体验自主管理的滋味。

二、培养一批尽职尽责的执行队伍

无论是教师管理还是学生自主管理，关键都是要把管理的事项落到实处，实现管理的最高目标。这就需要教师着力培养一批尽职尽责的执行队伍。要让学生尽职尽责，首先是要让学生有职有责。班主任要在班级内开发设立多种自主管理岗位，把凡是学生能做的事情都开发成自主管理岗位，采取学生自主申报与教师分配相结合的方式，让每一位学生都有一个或多个自主管理岗位。其次是要让学生明职明责。对于每一个自主管理岗位，都要有简要明确的职责要求与标准，并让每一位学生尤其是自主管理这个岗位的学生牢记在心。在学生有职有责、明职明责的基础上，我们还要采取多种方式，引导、督促学生尽职尽责，方能确保自主管理工作的落实。

三、建立一支公平公正的考评队伍

我们做任何事情，都要实行闭环管理，既需要安排部署，又需要监督检查，还需要考核评价。学生自主管理的事项是否落实，落实的是好还是不好，都需要我们及时客观地进行考评。因此，教师还要建立一支公平公正的考评队伍。这支队伍如何建立？依然是学生们自己选。当然，同样要有标准。考评队伍的职责是什么？就是定期依照每一个自主管理岗位的职责，对每一个自主管理学生履职履责情况进行监督检查、考核评价、表彰奖励。

不仅班级内的事务可以开发成自主管理岗位交给学生自主管理，其实我们课堂上、生活中的很多事情也都可以放手交给学生，让学生自主学习，可以极大地提高学生的自主学习能力；让学生自主生活，可以极大地提高学生的独立生活能力。

无论是学生自主管理还是自主学习、自主生活，都需要教师大胆地放手。借此，我诚恳地呼吁：放手吧，老师们！

7. 反思是一剂良药[①]

作为一名学校管理者，在日常学校管理中，我十分注重引导干部教师进行工作反思和教学反思。通过反思，可以找到工作中的问题与不足，并采取一系列措施优化学校内部管理，以此促进学校发展。如教师例会怎样才能更加简洁高效？课题研究怎样才能更加务实具体？常规检查怎样才能更加科学有效？课程改革怎样才能更加持续深入？学生行为怎样才能更加文明规范？我们每一位教师通过教学反思，也找到了各自教学中的不足，明确了今后努力的方向。

无论是工作反思还是教学反思，都如一剂良药，让人头脑更清醒，思路更明晰。孔子曰：学而不思则罔。美国著名学者波斯纳曾说过：教师成长＝经验＋反思。因此，为了实现我们工作目标，我们必须扎扎实实开展反思。

首先，反思要持之以恒。反思要成为我们教师的一种优良习惯，要努力做到时时思、日日思、周周思、月月思、年年思。不能学校提出要求才反思，不作安排就不反思。要主动反思，而不是被动反思。

其次，反思要突出问题。无论是工作反思还是教学反思，要肯定成绩，总结经验，更要查找问题。要切实增强问题意识，牢固树立问题导向，通过反思发现问题，通过反思查找问题根源，通过反思谋划问题解决对策，从而达到解决问题的目的。

再次，反思要找准标杆。在反思中，为了找准问题，找对问题，我们必须事先找准问题的标杆。要对照岗位职责查找问题，看是否履职尽责？要对照师生意见找问题，看是否服务周到？要对照工作目标查找问题，看是否优质高效？要对照理论找问题，看是否科学合理？

最后，反思要狠抓落实。反思之后怎么做非常重要，也非常关键。如果仅仅停留在“思”的层面而没有上升到“行”的层面，那就失去了反思的意义。只有反思，没有行动，不抓落实，不如不反思。如何狠抓落实？要突出

---

① 本文曾在中国教育报刊社蒲公英评论网上发表。

重点抓落实，不能眉毛胡子一起抓。要对症下药抓落实，行动要稳、准、狠。要突出效果抓落实，坚持实效性，体现创新性，实现发展性。

反思是一种工作手段，是一种行为方式，是教师专业成长的有效利器。随着改革开放的不断深入，我们国家已经进入中国特色社会主义新时代，我们的教育事业也进入了高质量发展的新时代。为早日建成中国式现代化，早日建成世界一流的教育、科技、人才强国，需要每一位教师不懈努力，更需要每一位教师不断反思。坚持工作反思，坚持教学反思，不断改进优化，不断总结提升，在成就自我的同时也能助推教育事业高质量发展。

8. 设计高质量作业[①]

随着中共中央办公厅、国务院办公厅印发《关于进一步减轻义务教育阶段学生作业负担和校外培训负担的意见》《教育部办公厅关于加强义务教育学校作业管理的通知》等文件的逐步落实，这一困扰中国教育近30年的义务教育阶段的学生作业负担过重问题开始得到有效解决。

作业是学校教育教学管理工作的重要环节，是课堂教学活动的必要补充。2021年11月下旬，为了解学生对减轻学生作业负担的感知和评价，我校将2—6年级25个班级学生按照优、良、一般三类，各抽取1名学生共计75名学生参与问卷调查。数据统计显示：47%的学生每天都能在课后服务时间完成作业，47%的学生认为大多数时候能够在课后服务时间完成作业，“双减”政策后家庭作业最普遍的形式依次为阅读、运动、家务劳动、预习、背诵，各占比84%、77%、65%、61%、56%，且46%的学生在30分钟内完成家庭作业，40%的学生在30—60分钟完成家庭作业。

如果说减负减的是校内作业数量，降的是校内作业难度，那如何设计高质量作业才能确保教学质量稳步提升，成为我们思考的主要问题和亟待努力的方向。

一、“作业设计”被提升到全新高度

《中共中央 国务院关于深化教育教学改革全面提高义务教育质量的意见》指出：统筹调控不同年级、不同学科作业数量和作业时间，促进学生完成好基础性作业，强化实践性作业，探索弹性作业和跨学科作业，不断提高作业设计质量。“提高作业设计质量”成为“全面深化教育教学改革提高义务教育质量”的重要抓手，“作业设计”被提升到了全新高度。

1. 作业设计成为教师必备的基本能力。教师的专业能力包括教育教学设

---

① 本文原标题为《以高质量作业设计促教学质量提升》，曾荣获华中师范大学合作办学平台优秀论文评选三等奖，并在《师道》上删节后发表，文中案例节选自吴秀秀、韦明月、樊晓彤、骆君瑶、林海珍、曾舜文、苏顺兴等教师的获奖作业设计作品。

计、组织与实施、激励与评价、沟通与合作、反思与发展等 5 个方面的能力。然而，随着社会的发展、时代的变迁，党和政府对教师的能力要求也越来越高，“不断提高教师育德、课堂教学、作业与考试命题设计、实验操作和家庭教育指导等能力”。将“作业设计能力”首次单列，使其成为教师必备的基本能力。

2. 作业设计成为教学研究的重要一环。教学研究，一般都是研究教师如何教、学生如何学、教材如何用等。而中共中央办公厅、国务院办公厅印发的《关于进一步减轻义务教育阶段学生作业负担和校外培训负担的意见》中指出：“提高作业设计质量……将作业设计纳入教研体系，系统设计符合年龄特点和学习规律、体现素质教育导向的基础性作业。”《教育部办公厅关于加强义务教育学校作业管理的通知》要求，“学校要将作业设计作为校本教研重点，系统化选编、改编、创编符合学习规律、体现素质教育导向的基础性作业”。将“作业设计”纳入教研体系，作为校本教研重点，意味着教研体系、校本教研重点得到进一步充实、完善和丰富。

3. 作业设计成为评价教师的重要内容。过去的常规教学检查中，我们通常会把教师的作业批改作为主要内容之一纳入考核评价内容，对作业的数量、作业的批改、作业的评价等都有考核细则，唯独没有对作业的质量进行评价，因为教师布置的作业都是教材和配套教辅上的。这是我们过去所缺失的，也是我们的短板。而 2021 年 4 月《教育部办公厅关于加强义务教育学校作业管理的通知》则明确提出：学校要把作业设计、批改和反馈情况纳入对教师专业素养和教学实绩的考核评价。“作业设计”不仅是常规绩效考核的一个内容，而且是教师专业素养的一个重要方面。

二、作业质量亟待大幅度提高

何为高质量的作业？波士顿大学会德丰教育与人类发展学院的临床教授 Janine Bempechat 认为，在发展上适当且有意义的作业，可促进自我效能和自我调节。他强调作业能促进学生发展，对学生有意义，而且彰显个性化。

《教育部办公厅关于加强义务教育学校作业管理的通知》明确指出：“在课堂教学提质增效基础上，切实发挥好作业育人功能，布置科学合理有效作业。”“切实避免机械、无效训练，严禁布置重复性、惩罚性作业。”从这里，我们可以看出，高质量的作业必须是科学的、合理的、有效的，而机械的、无效的、重复性的、惩罚性的作业则是低质量的。

什么样的作业是科学的？我认为，只有符合学生年龄特征、学科特点及课程标准的作业才是科学的。教师需要针对学生的不同情况、学科及课标的不同要求，精准设计不同类型的作业。

什么样的作业是合理的？我认为，符合学生的实际需要和完成能力的作业才是合理的。教师要根据实际学情，精选作业内容，合理确定作业数量，作业难度不得超过课程标准要求。

什么样的作业是有效的？我认为，能够体现作业的育人功能的作业才是有效的。教师设计的作业必须能够帮助学生巩固知识、形成能力、培养习惯，帮助教师检测教学效果、精准分析学情、改进教学方法，促进学校完善教学管理、开展科学评价、提高教育质量。

对照以上高质量作业的标准，再回看我们教师实际布置的作业，相差甚远。一是作业没有设计，绝大多数教师所布置的作业来自教材及配套的辅导作业，很少有教师独立设计的作业。二是作业没有选择，面对教材和配套的辅导作业，大多数教师基本上照单全收，全班学生的作业内容统一、数量统一、要求统一。三是所布置的作业绝大多数仍然停留在书写层面，很少有动手操作等实践类作业。

鉴于以上情况，要提高教育质量，实现减负增效，设计高质量的作业不仅必要而且紧迫。

三、设计高质量作业的主要策略

为贯彻落实“双减”政策和《教育部办公厅关于加强义务教育学校作业管理的通知》精神，严格控制作业数量，提高作业质量，发挥作业的育人功能，教师的作业设计必须把握科学性、突出生活性、尊重差异性、彰显多元性和富有创新性。

1. 把握科学性

作业设计的基础在于作业的科学性，生命也在于作业的科学性。因此，科学性是作业设计需要遵循的第一原则、第一标准。在作业设计中，我们要确保设计的作业必须符合课程标准，体现核心素养导向；必须符合教学目标，保证重点、难点落实；必须符合学业质量标准，把准学生的学习程度。

在教学《田忌赛马》一课时，为了让学生清楚地梳理故事的主要情节，理清楚起因、经过、结果，并培养学生运用列情节图概括故事的能力，课前预习时，教师可以设计这样一道作业：默读课文，梳理情节，完成下列情节图（如图 1 所示）。

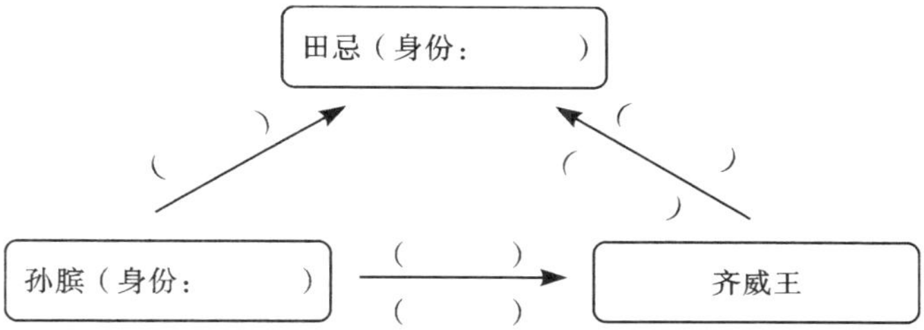

图 1　《田忌赛马》课前预习作业

为了更好地指导学生联系赛马的过程来推断孙膑制订计策的思维过程，并根据对阵图讲清楚，让学生的判断有依据，表达有抓手，在课堂教学反馈环节，教师可以设计一道连线题：请学生上台演示赛马过程，把齐威王和田忌赛马的对阵图连一连，说一说赛马的过程及结果（如图 2 所示）。

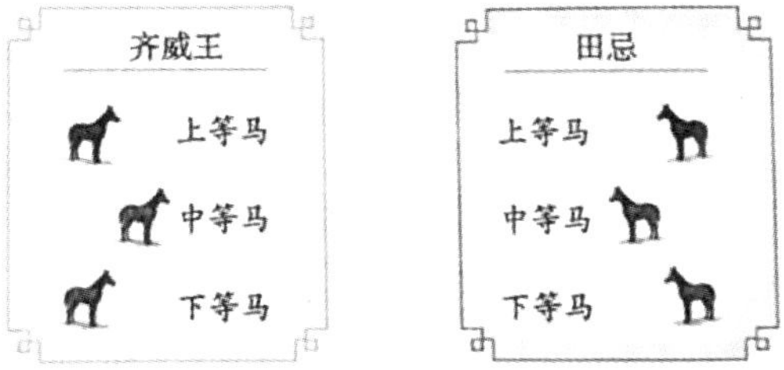

图 2　《田忌赛马》课堂检测作业

为复习巩固，锻炼学生表达能力，课后作业中，教师还可以设计表格作业，并跟家人讲讲《田忌赛马》的故事，考考家人知不知道孙膑转败为胜的原因，并点评指导（如表 1 所示）。

表 1　《田忌赛马》故事情节

场次	田忌的马	齐威王的马	田忌的表现	比赛结果
第一场				
第二场				
第三场				

这三道作业题的设计，始终依据课程标准、围绕目标，科学设计多种形式作业，让学生把故事的情节理清楚，反败为胜的原因讲明白。

2. 突出生活性

著名思想家海登·怀特曾经说过，教育只有一个主题，那就是五彩缤纷的生活。课程标准强调“让学生直面生活中可能遭遇的真实问题，在拟真的氛围中与教师、同伴互动并最终谋求问题的解决，并将其运用到真实生活中”。而我们常说的“学以致用”告诉我们学习的目的在于应用，在于解决生活实际中的问题和解释生活中的现象。因此，设计高质量的作业必须与生活实际有机结合，只有与生活结合的作业才富有趣味性，才能促进学生积极主动学习，才能更准确地检测学生运用所学知识、方法解决实际问题的能力。

在教学小学六年级下册《鲁滨逊漂流记》之前，为了让学生在阅读时对小说人物有一个初步印象，教师可以利用制作“身份证”的方式梳理人物形象，利用给小说人物配音的方式去朗读，让学生可以深入感知那一刻人物的内心活动。课前作业是这样设计的：为鲁滨逊办理一张特别的“身份证”，“身份证”信息包括姓名、国籍、理想、性格等。

为了让学生通过活动交流深入了解鲁滨逊的性格和思想，激发学生的想象力和共情能力，并从活动中锻炼学生的语言表达能力和现场掌控能力，教师设置一个“记者访谈直播间”（舞台上放置两张提前准备好的舒适的沙发椅），在课堂上请学生自告奋勇化身“小记者”对主角鲁滨逊进行采访。

在上述作业设计中，无论是“身份证”，还是现场采访，都来源于生活，学生对此也都有一定的了解，因此对教师布置的这类作业也更加积极，主动地尝试去做并努力做得更好，从而有效地达成作业的育人目标。

在进行人教版 PEP 小学英语四年级下册 Unit 2 第 4 课时作业设计时，为了灵活地引导学生运用所学知识描述自己一天的活动及对应时间，制订合理的作息时间表，培养学生按时作息的良好习惯，教师设计这样一道小练笔作业，将知识学习与生活作息紧密联系到一起，将立德树人根本任务落到实处（如图 3 所示）。

画一画：你今天的某个时间在做什么？给时钟画上时针和分针，并在四线格上写出相应的词或短语，然后用几句话介绍。

3. 体现差异性

在我国，很多古语俗语都蕴含了人与人是有差异的的道理。如“十个指头

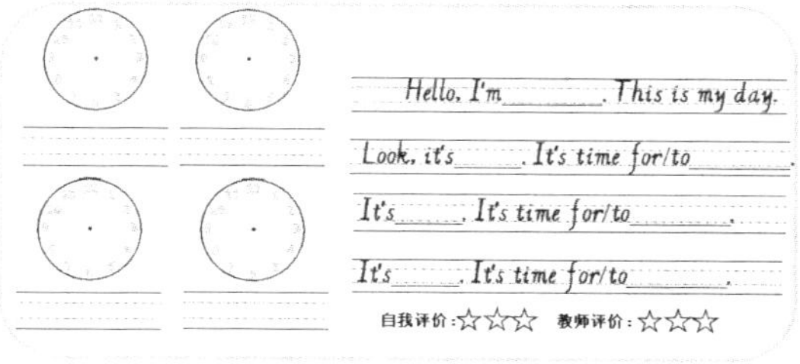

图 3　我一天的活动

有长短”，说明学生之间都是不相同的，如“因材施教”，则是告诉我们要针对人的能力、性格、志趣等具体情况施行不同的教育。因此，在作业设计上，也必须充分依据学生的实际情况，既设计面向全体的作业，又设计面向不同层次学生的作业，把因材施教落到实处，让学生拥有对作业的自主权、选择权。

在设计作业时，教师通过对同一作业设置不同星级评价标准，激励引导学生努力做得更好。如小学五年级下册《自相矛盾》课后作业，可以请学生用自己的话说一说这个故事，并将其讲给父母听。评价标准为：

（1）根据文意，把故事的过程讲清楚：☆

（2）通过想象，加上人物的思维过程：☆☆

（3）联系生活，讲述从中懂得的道理：☆☆☆

再如在小学六年级下册总复习《百分数解决问题》课后巩固作业中，教师可以通过设计开放式的 4 份礼品卡题目，由学生任选礼品卡符合孩子的年龄特点，学生根据自己的实际情况选择作业，充分保障了学生对作业的自主权和选择权（如图 4 所示）。

老师看到大家如此厉害，送上礼品卡，请任选2张卡完成。

【好/错题卡】
温馨留言：
可以记记自己的错题，总结犯错的特点，想想应对的策略；也可以将遇到的经典好题进行摘录、分析，描述解答思路。

【智慧树卡】
温馨留言：
把百分数的知识点/题型/解题方法等用形象的图文表示出来，这可是你智慧的结晶哦！

【日记卡】
温馨留言：
用写日记的形式把我们今天课堂上的学习内容记录下来，重点内容可用颜色笔标注，最后写下你的学习感受。

【编题卡】
温馨留言：
请编出与百分数有关的类型题（至少4个问题），并写出详细的解题过程。

图 4　《百分数解决问题》课后巩固作业

在人教版小学英语六年级下册《Unit 4 Then and now B Read and write》作业设计中，教师根据学生的实际能力分层布置作业，供学生自主选择完成（如图 5、图 6 所示）。

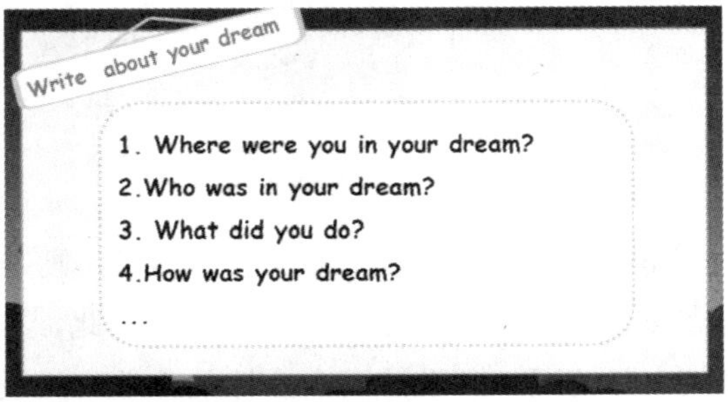

图 5　《Unit 4 Then and now B Read and write》作业一

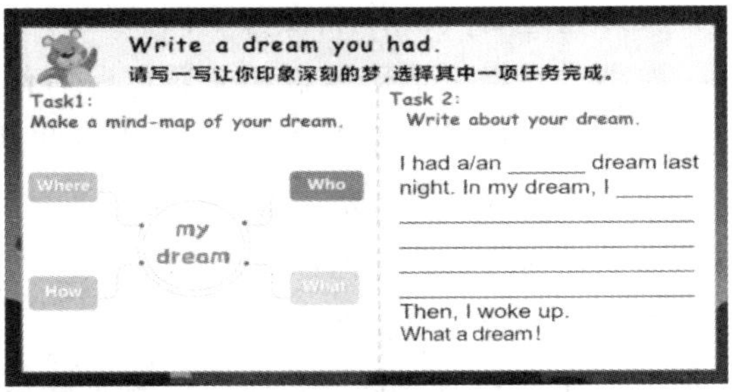

图 6　《Unit 4 Then and now B Read and write》作业二

4. 彰显多元性

高质量的作业不仅有课后巩固作业，还应包含课前预习作业、课堂反馈作业。我们需要课前、课堂、课后作业一体化设计。同时，设计的作业既要有面向全体的基础作业，也要有分类分层的拓展作业、动手操作的实践作业、跨学科综合性的研究型作业等，彰显作业的多元性。

如在学习小学二年级语文下册《找春天》一课之后，教师可以布置如下实践作业，结合生活实际，让孩子说一说看到的春天，画一画看到的春天，写一写看到的春天，让能说的孩子多说，会画的孩子多画，善写的孩子多写，既提供了作业的选择性，也彰显了作业的多元性，体现了作业的拓展性、实践性、跨学科性、综合性。

5. 富有创新性

创新是一个民族进步的灵魂，是一个国家兴旺发达的不竭动力。培养创新型人才需要落实到教育教学的每一个环节，包括作业设计环节。因此，教师根据课程标准、教学目标、学业质量标准进行独立作业设计或对现有作业题目进行改编，设计的高质量作业一定需要体现教师个人智慧，体现针对性，富有创新性。

《找春天》实践作业

班级：__________　　姓名：__________

1. 说春天：结合生活实践描绘自己看到的春天。

2. 画春天：把你看到的、想到的春天画出来。

3. 写春天：你找到的春天是什么样的？仿照课文第4—7自然段写一写。（图文对应）

①________________________________，那是春天的________吧？

②________________________________，那是春天的________吧？

③________________________________，那是春天的________吧？

④________________________________，那是春天的________吧？

在教学小学六年级下册总复习《百分数解决问题》时，为了让学生感受数学的趣味性，体现学科的融合，提高写作业的兴趣，教师可以设计具有极强创新性的课前作业。例如：

打六折、七成功力、八分饱、十分生气，这些都跟百分数有关，在成语中也藏着百分数，你能猜出谜底（对应的百分数）吗？

百里挑一（　）百发百中（　）十拿九稳（　）

事半功倍（　）事倍功半（　）

咱们本节课的关键词：百分数。

A. 什么是百分数？

B. 百分数的“前世今生”如何？（与分数的区别）

C. 百分数的“生活大爆炸”！（举例说明百分数在生活中有哪些应用）

在教学人教版小学英语三年级下册第四单元第一课时，为了巩固 on、in、under、desk、chair 等单词，教师可以设计“I can sing and do 边唱边演”课后作业，请学生回家后将当天新学的“Let’s do”一边唱，一边做，表演给家人看，让学生在做中学、学中做，即使作业再苦再难学生也不再觉得累（如图 7 所示）。

图 7　歌曲 Let’s do

在教学《自相矛盾》后，教师可以设计学生选做作业：根据对课文的理解，展开想象，制作《自相矛盾》故事连环画。这样的作业对于部分热爱美术、擅长绘画、敢于想象的学生而言极富创造性。

“双减”背景下作业数量显著减少之际，要进一步提高教学质量，设计高质量作业成为一种必然的选择。

9. 期末复习抓重点

岁序更替，春播秋收。又到一年期末时，又是一年收获季。期末考试，对于学生而言，是一个学期学习情况的大检测；对于教师而言，是一个学期教学效果的大反馈。对于期末考试，每一位教师都非常重视，撸起袖子加油干，争取以优异的成绩给一个学期画上圆满的句号。

教育教学质量是学校的生存之本、发展之源，也是教师的立足之本。如何在学期末 1—2 周的短时间内提高期末复习的效率呢？

一、重基础落实

我们经常强调基础，那么什么是基础？百度百科显示：基础就是事物发展的根本和起点。常言道，“万丈高楼平地起”，“基础不牢，地动山摇”。建筑物如此，我们的教学也是这样。在期末复习时，重视基础落实显得尤为重要。就学科而言，语文学科的基础主要是字、词、句，包括生字、生词、多音字、近义词、反义词、形近词、成语、关联词、句式修改、修辞应用、名句积累等。数学学科的基础主要是计算、概念理解。英语学科的基础主要是单词积累、句式理解、语法应用。对于这些基础，我们要狠抓每一位学生过关。从每次考试成绩统计分析情况看，凡是考试成绩位居年级前列的班级，都是基础知识得分率高的班级；反之，凡是学生基础知识得分率高的班级，班级考试成绩也基本都位居年级前列。因此，要把抓好基础落实作为我们最后一周复习的头等任务。

二、重后进生辅导

相信大家都听说过“水桶原理”吧！什么是“水桶原理”？它的核心要义是：一只水桶盛水的多少，并不取决于桶壁上最高的那块木板，而恰恰取决于桶壁上最短的那块木板。这就是说任何一个组织，可能面临的一个共同问题，即构成组织的各个部分往往是优劣不齐的，而劣势部分往往决定整个组织的水平。其实，从每次考试成绩统计中的班级差距也可以看出，相当一部分的差距是由班级里的后进生造成的。如果把我们每位教师所带的班级当作一个“水桶”，那么班级里的后进生就是这个“水桶”中的“短板”。要提高我们班级的整体成绩，我们必须采取一切办法补长“短板”。如课堂上以后进生学习掌握情况为基础落实的底线，高度关注后进生的学习，高度重视后进生的辅导，多请后进生回答问题或上台板演，课后对后进生作业进行面批面改等。

三、重方法指导

我们常说，授人以鱼不如授人以渔。授人以鱼只可救一时之急，授人以渔则可解一生之需。可见，方法比知识更重要。在平时的教学中，我们重视学习方法的指导，让学生不仅“学会”，还要“会学”，这些方法包括预习的方法、倾听的方法、做笔记的方法、阅读的方法、认字的方法、计算的方法、审题的方法、思维的方法等。那么在期末复习时，我们就要重点指导学生复习的方法，如数学课堂上指导学生利用思维导图进行单元或专题梳理，把平常学习的知识系统化、网络化；语文、英语课堂上指导学生分类别、分专题对知识进行统合整理。中高年级教师还可以指导学生根据考点在小组之间互相出卷、互相考查，重做平时作业中的错题等。此外，我们还要加强对学生考试方法的指导，提高针对性，如指导学生读题方法（默读＋指读）、书写要求（用笔、工整、格式规范）、答题顺序（先易后难）、解题技巧等。

四、重劳逸结合

我们做任何事情都要遵循学生的身心发展规律和教育教学基本规律，要切实把握好复习的度。学生年龄小，承压能力有限，如果我们布置的复习作业、复习任务以及提出的复习要求超过了学生的实际能力，那不仅无法达到我们的目标，还会导致学生产生厌学、逃学等行为。近期，我与教师个别交流时，有教师反映，目前有部分学生已经不愿意复习了。为什么会这样？如果继续这样，那复习还有什么意义？因此，我们要关注学生的生理、心理变化，从学生的实际情况出发，遵循学生的天性，让学生扎扎实实复习，开开心心玩耍，做到玩中复习，劳逸结合。只有这样，我们才能保证复习效果，提高复习效率。

期末很忙，期末很累。但是，再忙，再累，没有身体金贵！尤其是我们教师，一定要注意身体，先锻炼好身体，再保持好心情，然后力争创造好成绩！

10. 课题研究的“四个误区”[①]

教师是学校发展的第一资源，是质量提升的核心要素。只有成就教师，才能成就学生；只有成就学生，才能成就学校！

成就教师的路径万万条，专业成长第一条。专业成长的路径万万条，教育科研第一条。当前，很多教师在课题研究上存在各种各样的误区，从而导致课题研究效果不太好，课题研究的后续动力还不足。我以为，在课题研究上，至少存在以下“四大误区”。

一、认识误区：恐惧心理导致不敢做

什么是课题研究？谁可以做课题研究？相信很多教师对此是有一定的了解的，但也存在普遍的认识误区。很多教师认为，课题研究“太难了”，不是我等普通教师可以做的；也有很多教师认为，课题研究应该是专家、教授、学者的事情，不是一名一线教师、一名刚刚参加工作不久的教师的事情。因此，只要提到“课题研究”，很多教师心中油然而生的是“高大上”，顿而产生的是“望而却步”，进而得出的是“我不行、我不能、我不懂、我不会、我不敢”的论断。

果真如此吗？答案显然是否定的。我们普通教师到底能不能做课题研究？作为一名教师，平时工作中、教学中遇到过问题吗？我们思考过解决问题的方法了吗？我们最终解决问题了吗？我们解决问题的方法是依据什么理论来制定的呢？如果我们遇到过、思考过、解决过问题，那么我们其实已经做过研究，而且会做研究，并且做成了研究。

这个例子告诉我们——研究无处不在、无时不在、无人不在！

当然，这个研究还不能称为“课题研究”。那么什么样的研究才能称为“课题研究”呢？如同样是遇到上述问题，我们把之前所有遇到的类似问题进行归纳，就会发现这些问题的共同特点。如果我们继续思考，会找到这些问

① 本文曾在“校长传媒”微信公众号上发表，原标题为《扎扎实实做课题研究必须走出“四个”误区》。

题形成的内在原因、外在原因或主观原因、客观原因。根据这些原因，我们选取不同的方法进行处理会产生不同的结果，或者选取同样的方法会产生不同的结果，找到解决这类问题的共性方法，进而形成今后处理此类问题的方法指南、模型模式等。这就是在做课题研究。

综上所述，课题研究是对众多同类问题的解决之道的探索与实践，是一般研究从点到面的升华。

二、动机误区：功利心理导致被动做

为什么要做课题研究？这涉及课题研究的动机问题。如果已经申报了课题或者准备申报课题，我们扪心自问一下：我为什么要申报课题？初始动机是什么？是为了职称评审还是为了提高教育教学水平、提高教育教学质量？可能更多的是前者。

如果是为了职称评审而才申报课题、参加研究，首先动机就显得不纯，这种功利心理下的课题研究一定是被动的。而如果为了提高教育教学水平、提高教育教学质量而申报课题、参加研究，这种情形下的课题研究才是主动的。相比而言，研究的出发点不同，其研究的形态肯定不同，研究的结果也一定不同。因此，主动研究和被动研究，研究者投入的时间、精力也许相同，但投入的心力、情感一定不同。

要真正做成课题研究，做好课题研究，必须变被动做课题研究为主动做课题研究，变“要我做课题研究”为“我要做课题研究”，既投入时间、精力研究，又投入心力、情感研究，这才是真研究！

三、选题误区：跟风心理导致随性做

选题是课题研究是否成功的前提和基础。一个好的选题，标志着这个课题就已经成功了一半。由此可见，选题对于课题研究而言是多么重要和关键！

目前，教师的课题研究选题，一般有两种较为普遍的心理：一是什么是热点，我们选什么，称之为“蹭热点”选题；二是大家研究什么，我们也研究什么，称之为“随大流”选题。但无论是“蹭热点”还是“随大流”选题，这两种选题都跟风。教师既没有结合自己的研究能力、研究水平，也没有结合自己的研究基础、研究条件，更没有结合自己的研究兴趣、研究专长等，所选的题目自己既没有深度认识、深度了解，也没有深度思考、深度实践，导致问题不准、思路不清、目标含糊。不妨试想：这样的选题我们能扎扎实实地坚持做下去吗？这样的选题我们能切切实实地做出成果吗？

如何选题？一定要基于国家政策，基于培养目标，基于现实问题，基于自身实际，选自己所熟悉的课题，选自己所感兴趣的课题，选自己实践中的困惑作为课题等，这样才能有问题、有思路、有方法、有策略、有目标，这样才能持之以恒地做课题研究，而不是随性而为地做课题研究。

四、方法误区：投机心理导致漂浮做

课题研究，说简单也简单，说难也难，只要找到方法就简单，而找不到方法则肯定难。

相当一部分教师认为，课题研究的最终目的无非是要完成一份课题研究报告，提交几篇研究论文，保证顺利结题即可。因而，持这种认识的教师把"做"课题变成了"研"课题，从理论中来，到理论中去，把课题研究变成了"空"中走廊，以"空"对"空"，平时不下功夫，没有研究过程，整个研究虚无缥缈。为了顺利结题，为了完成结题报告，为了完成研究论文，不得不东拼西凑、移花接木、蒙混过关。这样做课题研究，还不如不做！

我们要清楚，课题研究成果不是写出来的，而是做出来的。没有实践，没有扎扎实实的实践，哪有内容可写？哪有案例可说？哪有依据可列？我们更要清楚，课题研究成果不是写出来的，而是学出来的。没有深入系统的学习，哪有理论支持？哪有理论创新？我们还要清楚，课题研究成果不是写出来的，而是悟出来的。没有真切的感悟，哪有思维火花？哪有创新灵感？哪有硕果累累？

教师在课题研究的道路上，固然会遇到很多障碍，也会走入很多误区。但只要我们虚心学习，及时走出这些误区，定会遇见绚丽的彩虹，遇见最好的自己，遇见璀璨的未来！

11. 妙笔生花写评语[①]

时间过得真快，转眼已到期末了。为做好学生评语的撰写工作，学校已经发出通知并提出了具体要求。学生评语是班主任对学生一学期来综合情况的总体评价，学生关注，家长关注，社会也关注。受篇幅限制，如何在百字之内全面评价我们的每一位学生？说实话，这的确很难，对我们每一位班主任而言也是一次重大的考验。究竟如何写好学生评语呢？

一、遵循“四项原则”

评语是班主任向学生及其家长传递学生一学期以来综合信息的一种基本方式。由于评语的第一阅读对象是学生本人，因此，写评语必须依据学生的心理，遵循下列基本原则：一是客观性原则，即对学生的评价必须客观公正，不偏不倚，做到既不过分张扬优点，也不夸大缺点。二是教育性原则，即评语必须让学生阅读后受到教育。这是一则好评语的基本要求，也是一则好评语的出发点和归宿。三是启发性原则，即通过简短的语言给学生以奋发向上的精神动力，并激发学生的内在思考。四是情感性原则，即评语的字里行间必须流露出对学生的一种关爱之情和期望之心。

二、借鉴“四种范式”

写好评语无定法，但必须得法。根据我们看到的一些好评语，以下几种范式值得借鉴：一是画像式。这种评语多采用白描手法，用事实说话。如：个子不高，足球踢得不错；发言积极，但思考不够；乐于助人，卫生讲究不够。这就是你——×××。二是鼓励式。这种评语大多语词激昂，富有鼓动性，仿佛一段精彩的演讲。如：有同学说，你不是班长胜似班长，因为同学们听你的；有同学说，让你当班长，你又不如班长，因为你管不住你自己。老师却说：不！你一定会成为了不起的班长！因为下学期你将重塑自己。三是假设式。这种评语大多为“如果……就……”“假如……将……”等句式，

---

① 本文曾在“校长传媒”微信公众号上发表，原标题为《如何写好学生评语》。

前者为假设、为事实，后者为期望、为目标，相互关联。如：你的日记曾几次被语文老师在全班宣读，你的书画作品还在艺术节中获得了一等奖，假如在今后的清洁卫生大扫除中更主动一些，你将会成为一个老师喜爱、同学喜欢的好孩子！四是谈心式。这种评语大多采用书信体形式，语言朴实无华，体现了心与心的交流。如：你是一个聪明的孩子，只要认真什么事都做得好。还记得吗？老师总表扬你的作业写得好。只是因为课堂上爱讲小话，老师没少批评你。你会责怪老师吗？我想，只要你迅速改正，即使你怪老师，老师也高兴！

三、巧用“四种手法”

写好评语难就难在篇幅有限。如何化解这一难题？几种常用的手法值得运用。一是排比。运用排比不仅可以扩大评语的容量，更为重要的是可以增强评语的外在美感和内在气势。二是引用。评语中通过适当引用一些名言、警句、歇后语等，可以增强评语的可读性、趣味性、教育性。三是反问。利用反问可以加重评语的语气，增强评语的情感成分，以情感人，以情育人。四是以小见大。利用这种手法可以通过一个侧面来有效地反映学生的全貌，通过一件小事来凸显学生的心灵。

当然，常用的评语写作手法还有很多，这里不一一列举。但无论哪种修辞手法，只要它能使我们的评语写得更深动，更有血有肉，我们便可以拿来运用。

12. 完美收官“三件事”

收官，又称作官子，是围棋比赛中三个阶段（布局、中盘、官子）中的最后一个阶段；指双方经过中盘的战斗，地盘及死活已经大致确定之后，确立竞逐边界的阶段。对于我们每一位教师而言，期末之际就是我们收官之时。如何完美收官？我认为，我们每一位教师都要做好这三件事。

第一件事：梳理。繁忙的一个学期即将结束，我们做了很多工作，涉及面广，头绪万千。这里面既有教学工作，又有教研工作，还有德育工作、安全工作等，既有主导工作，又有服务工作，还有辅助工作、配合工作等。

对于这些工作，我们需要认真分门别类地梳理。对照岗位职责，对照期初计划，对照期末安排，哪些事情已经完成了？哪些事情还没有完成？哪些事情完成得比较好？哪些事情完成得还不够？对于已经完成的事情，我们需要精进提质；对于尚未完成的事情，我们需要快马加鞭；对于完成得比较好的事情，我们需要精益求精；对于完成得还不够的事情，我们需要克难奋进。

除此之外，我们还有很多工作需要整理。如我们的办公桌需要认真整理，把需要的书籍资料好好存放，把不需要的书籍资料清仓处理；我们的办公室、教室也需要彻底打扫，从上到下，从内到外，不留死角，让我们的工作环境也欢度寒（暑）假，静享安宁。切记：一屋不扫，何以扫天下？

第二件事：反思。反思是我们教师专业成长的有效利器，也是我们学校持续发展的不二法宝。收官之时反思显得尤为重要，因为它更具有系统性，更具有思辨性，更具有理论性。

经过一个学期的工作，我们收获了许多，课堂教学实现了质量提升，育人实现了润物无声，安全管理实现了“0 事故”……还有一个更大的收获是我们的无私付出得到了事半功倍的回报——累并快乐着！这些收获的因素是什么？我们需要认真反思，通过反思，提取成功因子，归纳成功要素，变成经验总结，以更好地指导日后工作，以更好地与他人共享，供他人学习、借鉴。

同时，我们工作中还存在一些不足，留下了不少遗憾。金无足赤，人无完人。遗憾也是一种美，而且是一种真实而独特的美。但此美不宜欣赏，需要反思。要通过反思，找准工作中的不足，分析缺憾的成因，拟定改进的措施，明确未来的方向。

第三件事：谋划。岁月轮回，终点也就是新的起点，收官之时也就是布局之时。为了学校更好更快地发展，也为了我们自身更好更快地发展，我们需要以“笨鸟先飞”的精神，凡事赶早——早谋划、早部署、早落实，未雨绸缪，时不待我！

成事在天，但谋事在人。要想成事，必先谋事。只有谋事才可能成事。由此可见，成事是谋事之果，谋事是成事之基。如何谋划方能成事？一是谋划要坚持高起点，与学校的起点相匹配；二是谋划要坚持高标准，与学校的发展目标相适应；三是谋划要体现改革性，不断提升自我、丰富自我、完善自我；四是谋划要体现创新性，努力推陈出新、与时俱进、争创一流。

谋划何事？学校领导要谋划各线宏观之事，处室要谋划中观之事，教师要谋划微观之事。无论谋划何事，都要按照高起点、高标准和改革性、创新性的要求去主动谋划、超前谋划、全面谋划。

当然，收官之时要做的事情还很多，梳理、反思、谋划无疑是最为重要的事情。只要做好了这三件事情，我们一定会完美收官！

13. 期末工作“高”标准

年年岁岁花相似，岁岁年年人不同。又到一期期末季，教师们将进入更加繁忙、更加紧张的期末季。俗话说，善始还须善终。如何高标准做好期末工作，给我们一个学期乃至一个学年画上一个圆满的句号呢？我们至少要做到“全”“实”“新”“痕”四个字。

何谓“全”？就是全面，要全面梳理一个学期乃至一个学年以来各项工作完成情况。各线、各处室要按照各自工作职责及学期工作计划对本线、本处室的各项工作进行认真梳理，确保不漏一项，不留死角；每一位教师都要根据学校各项工作要求，并结合本人实际，对所教学科、所带班级、所从事的各项管理工作进行全面深入的梳理，确保做到每项工作既有计划也有小结。

何谓“实”？就是务实，要抓住期末最后时期对各项工作扎实推进，力争取得实效。期末阶段，由于工作繁杂，教师往往容易顾此失彼。因此，无论何时何事，我们都要坚持求真务实的工作作风，努力将学期各项工作特别是期末各项工作完成好，确保各项工作落到实处，确保各项工作取得实效，为学校发展也为我们自身的专业成长奠定坚实的基础，做出应有的贡献。

何谓“新”？就是创新，期末各项工作既要坚持传统，更要坚持创新，以创新继承传统，以创新丰富传统，以创新完善传统。在期末工作中，很多工作我们上学期已经做过，但如何在上学期的基础上做得更好，需要我们认真总结反思上学期各项工作的完成情况，对好的方面要大力继承和发扬，对暴露出的问题与不足则要研究改进的方法和举措。当然，继承和发扬不是照搬照抄，改进也不是全盘推倒重来。特别是学校安排布置的各项工作总结、教科研论文等，更不得网上搜索照搬，这样对学校的发展无益，对自己的成长更无益；这既是对学校工作的一种敷衍，也是对自己人生的一种敷衍。在这片奉行创新的热土上，谁真正坚持创新，谁将脱颖而出，独领风骚！

何谓“痕”？就是痕迹，对于我们所做的各项工作，都要留下翔实的资料，并整理存档，载入学校发展史册。各线、各处室要对本线、本处室一学期乃至一学年来的各项工作资料进行认真整理，按照档案整理的要求规范，将各自的档案资料装订成册，为以后的工作开展提供可供查询、可供借鉴的依据。每一位教师都要对各自的教学教研、班级管理等工作资料进行整理，该上交学校的上交，该自己留存的留存，该废弃销毁的废弃销毁，将各自的办公室、教室整理得干干净净、整整齐齐。

期末工作是学校工作的重要组成部分，也是我们教师的分内工作；做好期末工作，是做好全学期工作的重要环节和关键节点，也是我们教师收获希望的重要环节和关键节点。因此，每一位教师都要充分认识做好期末工作的重要性，全面完成期末各项工作任务，力争各项工作取得实效，不断改革创新，完善档案资料，为学期、学年各项工作画上圆满的句号。

14. 学深悟透方践行[①]

——“中小学教师信息技术应用能力提升工程 2.0”给教师的建议

按照《中共中央 国务院关于全面深化新时代教师队伍建设改革的意见》决策部署，根据《教育信息化 2.0 行动计划》和《教师教育振兴行动计划（2018—2022 年）》总体部署，服务国家“互联网＋”、大数据、人工智能等重大战略，推动教师主动适应信息化、人工智能等新技术变革，积极有效开展教育教学，教育部决定实施“全国中小学教师信息技术应用能力提升工程 2.0”。作为广东省信息技术 2.0 试点学校，我们因为机遇先兄弟学校一步开展，取得了一定的成绩，也摸索出了一定的经验。在“信息技术应用能力提升工程 2.0”中，如何才能提升我们的信息技术应用能力呢？结合我们的经验，给大家提三点建议。

一、学深

学深，基础在学，关键在深。学什么？我们的提升工程线上学习课程中为我们提供了丰富的内容，同时各学校也通过校本研修学习了很多符合学校实际、符合教师实际的内容。这些内容已经够多了，但又还远远不够！要认认真真地学完这些课程，既需要时间，更需要毅力，还需要“真学”的态度。但究竟有多少教师做到了“真学”呢？如果没有真学，我们的信息技术应用能力怎能提升？学是行之先，只有学习才能知道，只有知道才可能做到，才可能提升我们的能力。

真学还需要学深。学深，可以是不限范围的学习，只要与信息技术相关的，只要与我们学科教学相关的，只要与我们教育相关的甚至很多跨界的，都需要我们学习。深学可以不限时间、不限地点，不一定是在学校里学，在

---

① 本文曾在“校长传媒”微信公众号上发表，原标题为《学深　悟透　践行——中小学教师信息技术应用提升工程 2.0 给教师的建议》。

家里也可以学，旅途中、实践中、社会上、生活中也可以学，学习无时不在、无处不在。深学也不是鞭长莫及，只要我们做学习的有心人，就会成为学习的主宰者，就会从学习中获得无限快乐，我们的信息技术应用能力就可以得到持续提升、快速提升。

案例分享：有一位教师长期承担毕业班教学工作兼班主任工作。提起学习，大家共同的感受是没有时间。但是这位教师却巧妙地利用开车上下班、一日三餐的时间学习，他没有阅读，但是利用信息技术收听并获取了大量的理论性、科学性、人文性、实用性、创新性的知识和信息，并应用在自己的课堂教学和班级管理中。

这个案例告诉我们，学习不是有没有时间的问题，而是我们想不想学的问题，就像鲁迅先生说的那样：时间像海绵里的水，只要愿挤，总还是有的。

二、悟透

悟透，方法是悟，目标在透。如何悟？我们一是要对标悟。标，就是“信息技术应用能力提升工程 2.0”规定的 28 个能力点。要通过悟，深入了解每一个能力点的基本内容是什么，主要目的是什么，考核细则是什么，实际运用在何处，与我们的课堂教学的连接点在哪儿？当然，悟的重点是我们所选择的 3—5 个能力点。二是要对表悟。根据信息技术能力提升工程学校实施方案，在什么时间该完成什么任务达到什么要求，需要定期回头望，定期埋头思，定期静心悟。

何为透？透，可以是通透，也可以是穿透。从点想到面，从面想到体，这是透；由白想到黑，由山想到水，这也是透。从字义到内涵，可以称之为透；从表面到里层，也称之为透；从现象到本质，更称之为透；从特殊到一般，也称之为透。在“信息技术应用能力提升工程 2.0”中，我们由每一个能力点自然而然地想到教学环节，由每一个教学环节又自然而然地想到涉及的能力点，这就是透。

案例分享：在语文教学中，大家常常会让学生课前查阅资料，了解文章的作者、作品等相关信息，这就是我们信息技术应用所对应的能力点——资源获取与筛选。这些资源可以利用电脑、手机等查阅搜索获取，并根据具体要求进行选择。再如在语文课堂教学中，教师会为学生推送同步的微课视频资源，这就是技术支持的专业与自主学习能力点。不仅这些，我们日常应用的很多小程序，如在线表格、问卷星、美图秀秀等，都可以广泛应用于我们的语文教学中。

其实，只要我们深入地想一想、悟一悟，每一处信息技术的使用，都体现了相关的应用能力点。但我们要做到的是用为所教，即使用必须为了更好地教学，而不能为用而用、追求形式。

三、践行

何为践行？就是付诸实践和行动。信息技术应用能力，关键在于应用，在于实践。因此，学深、悟透之后还需要实践的检验，还需要付诸行动。行动初始在于备课，落实在于课堂，成效在于课后。如果所学、所悟非所行，即实践检验成效不佳，那就需要我们再学、再悟，直到学、悟、行一致。

将信息技术应用能力付诸实践，需要从突出教学重点、化解教学难点入手，真正体现信息技术化难为易、化简为繁的卓越功能；需要遵循以学定教、先学后教策略入手，真正发挥信息技术支撑下翻转课堂的独特优势；还需要从尊重共性、满足个性入手，真正推进线上慕课与线下辅导有机融合。

案例分享：前几天刚刚听了我校一节五年级语文研讨课《自相矛盾》。本课的教学目标之一是背诵课文。要实现这一教学目标，如果让孩子反复读背，目标应该也能达到，但会显得很枯燥、无趣。而骆君瑶老师是这样利用信息技术并辅之以适当的激励进行设计的。

师：PPT 出示课文。前面大家已经初步了解了文意，请大家对照 PPT 齐读课文（第一遍）。

生：（齐读）。

师：大家刚才读得很好，不过有一处稍微停了一下，这次可以给大家打 80 分。同学们，你们想得更高的分吗？

生：想（齐）。（这次已经调动了孩子们的挑战欲望）

师：那我们再齐读一遍（第二遍）！不过，古代的文章一般是没有标点符号的。（用 PPT 出示去掉标点符号的课文）

生齐读后师评价：在没有标点符号后大家还能很流利地齐读课文，值得表扬，这次可以得 98 分。同学们，你们想挑战 100 分吗？

在骆老师的评价引导下，于是学生继续挑战。这时骆老师 PPT 出示纵向排列的无标点原文（第三遍），并告诉学生，古时候的文章都是纵向排列的。

孩子们终于如愿得到骆老师打的 100 分。

但此刻，骆老师乘胜前进，问："大家还想得附加分吗？"有的学生在下面嘀咕起来："该不是要我们背诵吧？"骆老师当即否定，表示老师没有那么"心狠"。在学生响亮的回答后，教师用 PPT 呈现甲骨文（学生几乎都认不出来）原文后告诉学生，这是我国古代的甲骨文（第四遍）。学生竟然一气呵成地"读"完全文！这与其说是齐读，不如说是齐背！

这个案例中，除了教师的评价激励外，我觉得教师对同一文本内容利用信息技术的巧妙设计（原文、去标点、竖排无标点、甲骨文无标点），极大地调动了学生的学习兴趣和挑战欲望，丰富了学生对中国古代文字的了解，激发了学生对中国古代文字博大精深的赞叹。

对于"信息技术应用能力提升工程 2.0"，我们既不要看得过高，认为高不可攀，也不要看得无所谓，毫不在意。其实，信息技术就在我们身边，每时每刻我们都在应用，如课件制作、录屏、问卷调查、视频编辑、希沃白板、授课助手、班级优化大师等，只要我们始终保持一颗平常心，做一位有心人，把能力点的要求和教育教学日常相融合，通过学深、悟透、践行，就一定能提升我们的信息技术应用能力！

15. 专业发展评价的“看”与“干”①

——以华中师范大学附属惠州大亚湾小学为例

2023年1月，华中师范大学附属惠州大亚湾小学《开展“十星级”教师专业发展评价促进小学教师专业发展与学校整体发展相适应的研究》[广东省2023年度中小学教师教育科研能力提升计划项目]（编号：2023YQJK/344]正式立项。为做好课题研究，根据课题研究方案，课题组就课题研究的教师专业发展评价相关问题面向全校教师进行了问卷调查，具体情况如下。

教师专业发展调查基本概况

本次问卷共涉及调查问题18个。从题目类型上看，单选题9个，多选题9个；从题目内容上看，问卷对象个人基本情况题5个，专业发展认知题9个，专业发展评价题4个。

从问卷统计情况看，全校参与问卷教师71人，其中主体集中在25—30周岁之间，占比73.24%；教师任教时间大多为3—6年之间，占比53.52%；初始学历基本为大学本科，占比92.96%；专业大多为师范类专业，占比78.87%；任教学科涵盖语数英体音美及其他学科，其中语文学科教师占比43.66%，数学学科教师占比25.35%。

怎么看——专业发展问卷结果及分析

1. 对教师的职业认同度。结果显示，“很热爱”37人，占比52.11%；“比较热爱”31人，占比43.66%。两项合计占比超过95%，如表1所示。

---

① 本文曾在中国教育报刊社、中教传媒智库主办的《教育改革情报》上发表。课题主持人为黄国臣，成员为吴秀秀、胡莹、黄铁霞、杨菊、廖巧荣、刘俊鹏。收录时有修改。原标题为《教师专业发展评价：怎么看？怎么办?》。

表 1　对教师的职业认同度

选项	小计	比例
很热爱	37	52.11%
比较热爱	31	43.66%
一般	2	2.82%
不太热爱	0	0%
（空）	1	1.41%
本题有效填写人次	71	

分析：教师们对职业认同度高，充分说明这支队伍愿意长期从教，甘于奉献，敢于担当，队伍稳定。

2. 对专业发展方向的认识。调查显示，“很明确”27 人，占比 38.03%；“比较明确”35 人，占比 49.3%。另有 7 人选择“一般”，2 人选择“不太明确”。“很明确”“比较明确”两项合计占比接近 90%，如表 2 所示。

表 2　对自己的专业发展方向

选项	小计	比例
很明确	**27**	**38.03**%
比较明确	**35**	**49.3**%
一般	**7**	**9.86**%
不太明确	**2**	**2.82**%
本题有效填写人次	**71**	

分析：绝大部分教师对自己的专业发展方向还是比较明晰的，但相对职业认同度“很热爱”而言，方向“很明确”的占比偏低，且“一般”“不太明确”的比例超过 10%，这表明在教师专业发展方向上比较含糊，需要进一步加强引导与指导。

3. 对教师专业发展的意愿。调查显示，“很强烈”24 人，占比 33.8%；“比较强烈”41 人，占比 57.75%。两项合计占比超过 90%，如表 3 所示。

表 3　对自己专业发展的意愿

选项	小计	比例
很强烈	24	33.8%
比较强烈	41	57.75%

续表

选项	小计	比例
一般	6	8.45%
无所谓	0	0%
本题有效填写人次	71	

分析：教师专业发展意愿“很强烈”“比较强烈”虽然超过90%，但“很强烈”与职业认同度“很热爱”、专业发展意愿“很强烈”呈持续下降状态，匹配性进一步降低，专业发展意愿动力减弱。

4. 对自己专业发展目标的定位。调查显示，除3人未选择外，期望“成为学校内一名学生喜爱、家长欢迎、同行认可的教师”39人，占比54.93%；期待“成为大亚湾一名教学质量高、业务能力强、有一定影响力的教师”20人，占比28.17%；期待“成为惠州市内一名有较高知名度的名师”7人，占比9.86%，期待“成为广东省特级教师乃至全国教育专家”2人，占比2.82%，如表4所示。

表4　对自己专业发展目标的定位

选项	小计	比例
成为学校内一名学生喜爱、家长欢迎、同行认可的教师	39	54.93%
成为大亚湾一名教学质量高、业务能力强、有一定影响力的教师	20	28.17%
成为惠州市内一名有较高知名度的名师	7	9.86%
成为广东省特级教师乃至全国教育专家	2	2.82%
（空）	3	4.23%
本题有效填写人次	71	

分析：从教师专业发展目标定位的四个层次占比来看，将较好地形成教师队伍金字塔结构，基础层占比50%，中间层占比30%，尖子层占比10%。

这完全符合一支优良队伍的层级架构。假以时日，这支队伍在专业发展上能够实现这一预期目标，那将是本课题最大的成果。

5. 对教师专业发展的自我认知。围绕这一内容，课题组列举了13个方面的内容（政治素养、师德师风、学科素养、科研创新、专业阅读、教育教学能力 、安全管理能力、信息技术能力、沟通合作能力、评价反思能力、课堂驾驭能力、教育心理专业知识、教学设计能力）供教师选择“教师专业发展最重要的10个方面”“个人专业发展方面比较好的方面”和“个人专业发展还需要重点努力的方面”，如表5—7所示。

表5　教师专业发展最重要的10个方面

选项	小计	比例
师德师风	67	94.37%
学科素养	67	94.37%
教育教学能力	67	94.37%
课堂驾驭能力	61	85.92%
沟通合作能力	59	83.1%
教育心理专业知识	54	76.06%
评价反思能力	53	74.65%
教学设计能力	45	63.38%
科研创新	42	59.15%
政治素养	42	59.15%
安全管理能力	37	52.11%
专业阅读	36	50.7%
信息技术能力	33	46.48%
你认为应该纳入的教师专业发展内容有	2	2.82%
本题有效填写人次	71	

表6　个人专业发展方面比较好的方面

选项	小计	比例
师德师风	64	90.14%
学科素养	42	59.15%
沟通合作能力	41	57.75%

续表

选项	小计	比例
教育教学能力	41	57.75%
课堂驾驭能力	35	49.3%
政治素养	34	47.89%
评价反思能力	34	47.89%
安全管理能力	25	35.21%
教学设计能力	23	32.39%
信息技术能力	18	25.35%
教育心理专业知识	18	25.35%
专业阅读	12	16.9%
科研创新	11	15.49%
本题有效填写人次	71	

表 7　个人专业发展还需要重点努力的方面

选项	小计	比例
科研创新	49	69.01%
专业阅读	38	53.52%
教育教学能力	38	53.52%
学科素养	37	52.11%
课堂驾驭能力	37	52.11%
教学设计能力	32	45.07%
教育心理专业知识	30	42.25%
沟通合作能力	31	43.66%
信息技术能力	29	40.85%
评价反思能力	28	39.44%
安全管理能力	14	19.72%
师德师风	11	15.49%
政治素养	9	12.68%
（空）	2	2.82%
本题有效填写人次	71	

结果显示，“教师专业发展最重要的10个方面”依次为师德师风、学科素养、教育教学能力、课堂驾驭能力、沟通合作能力、教育心理专业知识、评价反思能力、教学设计能力、科研创新、政治素养。

“自己专业发展比较好的方面”依次为师德师风、学科素养、沟通合作能力、教育教学能力、课堂驾驭能力、政治素养、评价反思能力、安全管理能力、教学设计能力、信息技术能力、教育心理专业知识。

“自己专业发展还需要重点努力的方面”则依次为科研创新、专业阅读、教育教学能力、学科素养、课堂驾驭能力、教学设计能力、教育心理专业知识、沟通合作能力、信息技术能力、评价反思能力、安全管理能力。

分析：从以上三组结果综合分析，教师对自身专业发展特别关注的是师德师风、学科素养、教育教学能力、课堂驾驭能力、沟通合作能力；认为专业发展特别好的内容是师德师风，超出排名第二的30个百分点；认为特别需要加强的内容是科研创新，占比69.01%；排在第二梯队的是专业阅读、教育教学能力、学科素养、课堂驾驭能力，占比超过50%。同时，教师对政治素养、信息技术能力、安全管理能力等新时代教师专业发展内容认识度不高，重视不够。

6. 对教师专业发展的方法认知。课题组设置了“教师专业发展最有效的方法或路径”“加快教师专业成长的关键因素”两个问题进行问卷。其中，“观摩名师课堂”被教师一致认定为最有效“教师专业发展方法或路径”，“学校为教师提供良好的专业发展学习与培训机会”被教师认为是“教师专业成长最关键的因素”，如表8—9所示。

表8　对你专业发展最有效的三个方法或路径

选项	小计	比例
观摩名师课堂	63	88.73%
自我实践	37	52.11%
阅读专业书籍	35	49.3%
参与团队研讨	31	43.66%
坚持教后反思	29	40.85%
师徒结对	25	35.21%
听专家报告	23	32.39%
开展课题研究	23	32.39%
本题有效填写人次	71	

表 9　加快教师专业成长的关键因素

选项	小计	比例
学校为教师提供良好的专业发展学习与培训机会	58	81.69%
教师强烈地自我发展意识及行动	53	74.65%
学校建立起教师专业发展共同体	40	56.34%
学校建立起一套有效的评价激励机制	40	56.34%
（空）	1	1.41%
本题有效填写人次	71	

分析：在加快教师专业发展的方法或路径上，教师充分认识到外部学习的重要性，但对自身内在需求紧迫性认识不够。同时结果显示，教师不太认可课题研究、专家报告、师徒结对等方式对专业发展的作用。

7. 对教师专业发展评价的态度。课题组设置了“对教师专业发展单项评价标准的态度”“对教师专业发展评价原则的态度”“对教师专业发展评价策略的态度”“对教师专业发展水平与绩效挂钩的态度”4 个问题，如表 10—13 所示。

表 10　对教师发展单项标准的态度

选项	小计	比例
有的要高一点，有的可以适当放低一点	31	43.66%
只要符合学校教师专业发展的实际就可以	29	40.85%
严格按照国家标准制定	28	39.44%
要高一点，跳一跳，摘桃子，才能真正促进专业发展	23	32.39%
不要太高，力争大多数教师能够达到	18	25.35%
本题有效填写人次	71	

表 11　对教师专业发展评价原则的态度

选项	小计	比例
发展性原则。发展性原则即评价既要坚持标准，同时也要正视发展性，保护教师的专业发展积极性。	60	84.51%

续表

选项	小计	比例
客观性原则。客观性原则即评价过程、评价结果要客观公正，大多数教师愿意接受并参与此项评价工作，并对评价结果能够正确看待，为自己专业上的每一点发展而高兴自豪，对评价中暴露出的差距与不足而努力改进、孜孜以求。	57	80.28%
激励性原则。激励性原则即充分运动评价结果，鼓励争先争优，促进专业发展。将教师星级与教师工作绩效发放挂钩，发挥绩效导向作用，引导教师专业发展。对于教师专业发展评价星级高的教师在表彰奖励、晋职晋级等方面予以优先和倾斜。	53	74.65%
全员性原则。全员性原则即评价对象必须面向全体教师，同时又确保兼顾特殊对象。	51	71.83%
（空）	1	1.41%
本题有效填写人次	71	

表 12　对教师专业发展评价策略的态度

选项	小计	比例
定时评价与即时评价相结合。定时评价即评价项目时间相对固定，而即时评价则指实时评估。	48	67.61%
分项评价与综合评价相结合。分项评价即针对各个项目分别评价，综合评价即综合各个项目进行评价。	46	64.79%

续表

选项	小计	比例
常规评价与破格评价相结合。常规评价即按照一般标准进行评价，破格评价即按照特殊标准进行评价。	44	61.97%
自主评价与专班评价相结合。自主评价即让教师对照标准进行自我评价，专班评价即由学校即课题组组成教师专业发展“十星级”教师评价工作领导小组及工作专班进行评价。	43	60.56%
本题有效填写人次	71	

表 13　对教师专业发展水平与绩效挂钩的态度

选项	小计	比例
两者可以挂钩，但其在教师绩效考核中所占比例不要太大。	48	67.61%
这两者之间应该挂钩，这样更能调动教师专业发展积极性、持续性。	28	39.44%
两者没必要挂钩，教师专业发展好的教师在其他方面已经享受相关待遇了。	16	22.54%
这两者之间可以挂钩，也可以不挂钩。	4	5.63%
本题有效填写人次	71	

“对教师专业发展评价原则的态度”调查显示总体比较认同，均在 80%左右；“对教师专业发展评价策略的态度”调查显示都在 60%以上，且相对均衡；“对教师专业发展单项评价标准的态度”“对教师专业发展水平与绩效挂钩的态度”调查显示教师虽然大多是单选，“对教师专业发展单项评价标准的态度”比较分化，选项最高占比 43.66%，最低也占比 25.35%；而“对教师专业发展水平与绩效挂钩的态度”总体认为两者应该挂钩，但强调“其所占总绩效比例不要太大”。

分析：教师对评价的原则、评价策略、评价结果与绩效挂钩总体比较认可，对评价标准的期待比较分散，这说明教师支持开展教师专业发展评价，支持结果合理科学利用，但对评价标准的期待不一样，希望按照国家标准、符合学校实际、适当灵活处理成为多数。

怎么办——以评价促进教师专业发展

1. 充分认识教师专业发展评价意义。评价犹如一把尺子，可以衡量长短高低；评价更如一根标杆，评价什么，被评价者就发展什么。评价的重要性不言而喻。要提高教师队伍素质，促进教师专业发展，必须加强对教师专业发展的评价。调查显示，教师对专业发展的方向还不是很明确，意愿也需要激发。如何明确方向？如何激发意愿？教师专业发展评价就是一个很好的抓手。我们认为，切实加强教师专业发展评价，充分发挥评价的导向作用，可以让教师从专业发展评价内容上找到专业发展方向，可以让教师从专业发展评价标准上明确专业发展水平，使教师专业发展学有目标、赶有方向。因此，加快教师专业发展，必须充分认识教师专业发展评价的重要意义。

2. 科学制定教师专业发展评价标准。对于教师专业发展标准，从国家到地方，从地方到学校，都有不同的评价标准。如何把国家标准、地方方案和学校实际结合，这是我们需要思考的首要问题。国家《小学教师专业标准》从专业理念与师德、专业知识、专业能力 3 个维度共 13 个方面做出了详细明确的规定，并明确规定“是引领小学教师专业发展的基本准则”。而不同地域不同学校教师队伍不同，对教师专业发展标准的侧重点也不尽相同，因此，各学校要根据国家标准、地方方案和学校实际，制定符合各自学校教师专业发展实际的评价标准，确保评价标准的导向性、引领性、激励性作用有效发挥。

3. 严密组织教师专业发展定期评价。好的制度需要有效执行。除了“做正确的事”，还需要“正确地做事”。因此，严密组织教师专业发展定期评价，必须确保教师专业发展评价的公开、公平、公正，必须确保评价结果的科学、合理和广泛认同。为此，我们认为，教师专业发展评价需要采取教师自我评价与学校评价相结合，自下而上与自上而下相结合，在自我评价的基础上开展学校评价，让教师复核学校评价结果。同时，评价既要注重面向全体，也要关注个体，特别是关注教师个体的发展。

4. 充分利用教师专业发展评价结果。教师专业发展评价结果的利用好与差关系到评价作用发挥与评价的可否持续问题。如果利用得当，就会激发教师专业发展的动力，调动教师专业发展的积极性，并确保教师专业发展评价的可持续；否则会阻碍教师专业发展，使教师丧失专业发展的动力。调查显示，大多数教师对于教师专业发展水平与绩效挂钩是认同、支持的，但我们认为，仅仅在经济上激励是远远不够的，还需要在职称评定、职务晋升、表彰奖励、外出培训等诸多方面加以利用，真正起到激励争先、鼓励创优的作用。

16. 从人生“三问”谈专业成长

在中国，在我们教育界，有一个著名的“钱学森之问”。2005 年，温家宝总理在看望钱学森的时候，钱老感慨说：“这么多年培养的学生，还没有哪一个的学术成就，能够跟民国时期培养的大师相比。”钱老又发问：“为什么我们的学校总是培养不出杰出的人才？”

这就是著名的“钱学森之问”，是关于中国教育事业发展的一道艰深命题，需要整个教育界乃至社会各界共同破解。

而在世界上，则有个著名的人生终极哲学“三问”。提出这三个问题的人叫苏格拉底。他是古希腊著名的思想家、哲学家、教育家。他和他的学生柏拉图，以及柏拉图的学生亚里士多德并称为“古希腊三贤”，被后人广泛地认为是西方哲学的奠基者。

苏格拉底提出了著名的人生终极哲学“三问”——我是谁？我从哪里来？我要到哪里去？

我是谁？

教师们肯定会说：“这个问题还不容易回答吗？我叫×××，××学校的老师。”教师们，这只是一个表面化的标签而已。

我是谁？可能不同的人会有不同的看法：在家长眼中，我或许是一位过于严格的老师，而在学生眼中我可能是一位有爱心的教师；在学校眼中可能我是一位优秀的教师，而在全大亚湾区、全惠州市还仅仅是一位经验比较欠缺、能力还需提升的教师！在不同的人眼中，我是不同的我。

那么，我到底是谁？到底哪个标签可以让我们真正定义自身到底是谁？或者说，自己脑海中的标签根本不能定义自己到底是谁！简单地说，我们并不知道自己是谁，那么谁知道？

我从哪里来？

这个跟先有蛋还是先有鸡的问题有点相似。但不同的是，如果有人问你从哪里来，你肯定第一时间回答自己的出生地，比如“我从惠城来”“我从惠阳来”等，如果你说“我从娘胎里出来”，那肯定大多数人会说：“废话，谁不知道？”但是再细想一下人的进化史，人到底最初是什么？人归根结底被定义为生物，生物从哪里来？宇宙从哪里来？现在仍然没有人回答得出来这些问题。

我要到哪里去？

大多数宗教都会认为：人的生与死是一个轮回，人死之后，去了哪里？还是真的在世界中消失了？

佛教里有句话：一花一世界，一叶一菩提。也许我们生活的地方就是一个极小而极大的空间，去世之后真的就是升华了，到另一个空间去了。那么，空间，又是一个什么概念？

最后我们再想想：我是谁？我从哪里来？我要到哪里去？这些问题为什么会被提出来？深思真的很恐怖！

好了，如果说那个人生终极哲学“三问”太复杂、太深奥的话，那我们再来一起看看教师专业成长的“三问”。

我是谁？我要到哪里去？我怎样到那里去？我们一起结合《教师专业成长规划书》来具体看看。

我是谁？

《教师专业成长规划书》从两个方面对“自我基本信息”进行了画像，一是个人基本情况，二是专业现状分析，包括专业综合、专业基础、专业知识、专业能力、专业精神、专业阅读、专业业绩和自我分析。

关于专业综合中教师星级和兴趣特长及水平等方面。星级教师是学校对教师专业成长的一个综合评价，把教师星级设定为四等10级，四等即新手教师、合格教师、优秀教师、卓越教师，10级即1—10星级，其中新教师为1—2星级，合格教师为3—5星级，优秀教师为6—8星级，卓越教师为9—10星级。

关于兴趣特长及水平，我们要把自己最擅长的一面展现出来，敢于扬长避短，学校将会用其所长，为今后校本课程的开发、社团课程的开设、自身专业的发展奠定基础。

关于专业业绩，主要填写年级、校级、区级、市级、省级等。

关于自我分析，SWOT是一种战略分析方法，通过对被分析对象的优势、劣势、机会和威胁等加以综合评估与分析得出结论，通过内部环境、外部环境有机结合来清晰地确定被分析对象的资源优势和缺陷，了解对象所面临的机会和挑战，从而通过战略与战术两个层面调整方法、资源以保障被分析对象的实行。

SWOT 分析法又称为“态势分析法”，它是由旧金山大学的管理学教授于 20 世纪 60 年代提出来的，是一种能够较客观而准确地分析和研究一个单位现实情况的方法。SWOT 分别代表：strengths（优势）、weaknesses（劣势）、opportunities（机会）、threats（威胁）。

SWOT 分析法已逐渐被许多企业运用到企业管理、人力资源、产品研发等各个方面。

本表格中的优势与劣势主要针对教师个人主观因素的分析；而机会与威胁则针对外部客观环境的分析，哪些环境有利于自己即为机会，哪些环境不利于自己即为威胁。只有通过对内部环境和外部环境的有利和不利的因素进行综合分析，才会准确定位自己，从而制定正确的目标及其路径。

我要到哪里去?

这个问题就是《教师专业成长规划书》中的“自我发展目标”。它包括具体发展目标、特长发展目标、教育教学发展目标。

在制订这些目标时一定要坚持从自己的实际出发，目标既不能定得过高，也不能定得太低，要“跳一跳，摘桃子”，通过自己努力争取达到。

在总体目标里，设定了“我的教育偶像”“我的教育理念”两个栏目，引导大家明确自己未来总的发展方向，成为一位像谁一样的老师，在自己的教育教学中坚持什么、反对什么。

怎样到那里去?

这个问题就是《教师专业成长规划书》中的“自我发展计划”。如何实现自己的专业成长目标，借用李镇西老师的话，就是不停地实践、不停地思考、不停地阅读、不停地写作。结合学校实际，我们的建议就是阅读、研讨、反思。

读什么？在大学里大家已经学习了教育学心理学等专业知识，走上讲台后就要阅读课程标准、中国学生发展的核心素养，就要阅读如何成长为一位合格的教师等专业指导类书籍。

如何研讨？要围绕课例开展研讨，围绕课题开展研讨，围绕问题开展研讨。

如何反思？要勤动脑，多动笔，根据教育教学及管理中出现的问题开展追根溯源的反思，开展面向未来的反思。

教师的专业成长关系自己未来美好生活和终身幸福，专业成长越快越好的教师就越幸福；教师的专业成长也关系学校的持续发展和品质提升，教师专业成长越快的学校品质就越高。因此，做好教师专业成长规划，加快自身专业成长，不仅是学校的要求，更应该是自我需要。

附：《教师专业成长规划书》

教师专业成长规划书

▲自我基本信息

1. 个人基本情况							
姓名		性别		出生年月		毕业院校	
籍贯		民族		政治面貌		所学专业	

2. 专业现状分析							
参加工作时间		教龄		教师资格类别		专业技术职称	
任教年级		任教学科		兼任职务		教师星级	
兴趣特长及水平							

专业基础		普通话等级	A. 一级甲等	B. 一级乙等	C. 二级甲等	D. 二级乙等
专业基础		英语水平	A. 专业八级	B. 专业四级	C. 非专业六级	D. 非专业四级
专业基础		钢笔字书写	A. 优秀	B. 良好	C. 一般	D. 需努力
专业基础		粉笔字书写	A. 优秀	B. 良好	C. 一般	D. 需努力
专业基础		毛笔字书写	A. 优秀	B. 良好	C. 一般	D. 需努力
专业基础	信息技术水平	文档编辑与数据统计	A. 熟练	B. 较熟练	C. 一般	D. 不会
专业基础	信息技术水平	PPT 制作	A. 熟练	B. 较熟练	C. 一般	D. 不会
专业基础	信息技术水平	电子白板使用	A. 熟练	B. 较熟练	C. 一般	D. 不会
专业基础	信息技术水平	信息的搜集与处理	A. 熟练	B. 较熟练	C. 一般	D. 不会
专业知识		学生发展知识	A. 很了解	B. 较了解	C. 一般	D. 不了解
专业知识		学科知识	A. 很了解	B. 较了解	C. 一般	D. 不了解
专业知识		教育教学知识	A. 很了解	B. 较了解	C. 一般	D. 不了解
专业能力		教学能力	A. 很强	B. 比较强	C. 一般	D. 需努力
专业能力		科研能力	A. 很强	B. 比较强	C. 一般	D. 需努力
专业能力		课程开发能力	A. 很强	B. 比较强	C. 一般	D. 需努力
专业能力		组织管理能力	A. 很强	B. 比较强	C. 一般	D. 需努力
专业精神		爱心	A. 很强	B. 比较强	C. 一般	D. 需努力
专业精神		责任心	A. 很强	B. 比较强	C. 一般	D. 需努力
专业精神		创新	A. 很强	B. 比较强	C. 一般	D. 需努力

续表

专业阅读	课程标准	A. 研读	B. 深读	C. 浅读	D. 没读
	核心素养	A. 研读	B. 深读	C. 浅读	D. 没读
	教育著作	A. 5本以上	B. 3—5本	C. 1—2本	D. 没读
专业业绩	优质课				
	竞赛辅导				
	教学质量				
	课题参与				
	论文撰写				
	管理成效				
自我分析	S——优势				
	W——劣势				
	O——机会				
	T——威胁				

▲自我发展目标

1. 总体发展目标				
我的教育偶像				
我的教育理念				
职称目标	A. 小学三级教师	B. 小学二级教师	C. 小学一级教师	D. 小学高级教师
教学能力目标	A. 校骨干教师	B. 区骨干教师或学科带头人	C. 市骨干教师或学科带头人	D. 省骨干教师或学科带头人
班主任能力目标	A. 校优秀班主任	B. 区优秀班主任	C. 市优秀班主任	D. 省优秀班主任
2. 特长发展目标（可多选）				
兼任学科	A. 相关学科	B. 校级兴趣课	C. 班级兴趣课	D. 其他
做教师专业培训	A. 班主任培训	B. 学科培训	C. 特色培训	D. 其他

续表

3. 教育教学发展目标（可多选）				
公开教学	A. 校级	B. 区级	C. 市级	D. 省级
教学比赛	A. 获校级奖	B. 获区级奖	C. 获市级奖	D. 获省级奖
指导学生竞赛	A. 获区级奖	B. 获市级奖	C. 获省级奖	D. 获国家级奖
指导培养教师	A. 0 名	B. 1 名	B. 2 名	B. 3 名
校本课程开发	A. 0 门	B. 1 门	C. 2 门	D. 3 门
学生获奖	A. 校级	B. 区级	C. 市级	D. 省级及以上
信息技术	A. 个人信息技术熟练运用	B. 一师一优课区级	C. 一师一优课市级	D. 一师一优课省级
教科研论文案例	A. 校级	B. 区级	C. 市级	D. 省级及以上
教学质量（效果）	A. 年级前 2 名	B. 学区前 2 名	C. 全区前 5 名	D. 比上期有进步

▲自我发展计划

时间	内容及安排	预期成果
第一学期	9 月	
	10 月	
	11 月	
	12 月	
第二学期	3 月	
	4 月	
	5 月	
	6 月	
外部支撑		

▲自我发展评价

个人自评	
团队初评	
学校终评	

17. 专业成长的路径与策略①

百年大计，教育为本。教育大计，教师为本。《中共中央 国务院关于全面深化新时代教师队伍建设改革的意见》指出：教师承担着传播知识、传播思想、传播真理的历史使命，肩负着塑造灵魂、塑造生命、塑造人的时代重任，是教育发展的第一资源，是国家富强、民族振兴、人民幸福的重要基石。

强教必先强师，强校必先强师。促进教师专业成长，提升教师专业素质，不仅关系到学校教育质量的提升，更关系到学校的可持续发展。通过多年的实践研究，笔者探索出加快教师专业成长基本策略，具体如下。

一、注重引领

大多数教师特别是新教师对自身未来专业发展的方向不太清楚，目标不太明确。这需要学校为他们搭建一座专业发展导航的灯塔，悬挂一盏专业发展引路的明灯，照亮专业发展前行的道路，更好地引领他们一路前行。

1. 思想引领。思想是行动的先导，理念是行动的指南。苏霍姆林斯基指出：教育的领导首先是教育思想的领导，其次才是行政领导。因此，作为学校管理者，要让教师积极主动地投身到教师专业成长的各项学习实践活动中，就必须利用一切时机，引领教师热爱教育事业，重视专业发展。如利用每周的教师例会，组织教师学习宣传教师楷模先进事迹，激励教师做有理想信念、有道德情操、有扎实学识、有仁爱之心的“四有”好老师；利用定期的专题培训，加强教师师德师风教育，牢记“为党育人、为国育才”的神圣使命；每年组织评先评优，树立教师身边典型，定期开展校内竞赛，为教师专业发展搭建自我展示平台，激发教师专业发展的内生动力。

2. 目标引领。任何工作都要有目标，有目标才能明确奋斗和努力的方向。根据教师的特点，学校可以按近期（1—2 年）、中期（8—10 年）和远期（20 年以上）为教师专业成长设定三阶成长目标，即合格教师、优秀教师、卓

---

① 本文曾荣获华中师范大学合作办学平台优秀论文评选一等奖，并在“校长传媒”微信公众号上发表，原标题为《浅谈教师专业成长的路径与策略》。

越教师。要利用目标引领教师专业发展，必须首先为教师细化具体目标。如合格教师必须达到习近平总书记提出的“四有”好老师标准，优秀教师则必须具备“十种精神”，即终身从教的献身精神、认真执教的敬业精神、爱生如子的园丁精神、不甘人后的拼搏精神、不计得失的奉献精神、互相合作的团队精神、与时俱进的创新精神、躬身垂范的表率精神、刻苦钻研的钉子精神、勇挑重担的实干精神①。卓越教师必须达到“五有”，即有为人师表的人格风范、有健全的民主法治观念、有强烈的创新意识、有良好的研究能力、有深厚的文化底蕴和完备的知识结构②等。另外，要定期开展目标达成效果考核，以促进教师始终铭记目标，不断前进。此外，还要加强对教师的指导，适时对个人目标进行调整、完善，努力做到“跳一跳，摘桃子”，避免目标过高望而退却，也避免目标偏低缺乏引领作用。

3. 规划引领。学校发展有发展规划，教师专业发展也应有教师专业发展规划。教师只有制定科学的教师发展规划，才能在专业发展的道路上有章可循，一步一个脚印。为此，学校要引导教师以学期或学年为单位拟定《教师专业成长规划书》，根据教师自身的基础和实际（包括优势与劣势分析），提出自身专业成长远期及本规划期内拟达成的总体目标和专业成长规划中阅读、研讨、反思等单项目标，制定达成目标的具体举措，提出需要学校给予的帮助和支持事项，明确规划结束时的考核评价标准等。如教师的专业发展目标可以为通过未来 3—5 年的努力成为一位全县（市、区）名师，具体指标可以确定为执教的优质课荣获得地市级一等奖，每年至少在省级及以上刊物发表 1 篇以上教育教学论文，教育教学质量位居全县（市、区）同学科前列，每年执教区域内的观摩课 2 次，实现策略为每月阅读 1 本教学专著，每周撰写 2 篇以上教学反思，每月参与不少于 1 次区域内教学研讨等。

4. 榜样引领。榜样的力量是无穷的，它可以激励更多的人奋勇向前，也可以激励更多的人矢志不渝。在教师专业发展的道路上，学校要在校园里大力宣传榜样，大力树立榜样，大力学习榜样，以榜样引领教师专业发展。引导教师根据自己的任教学科、从事岗位选择国内外一位或几位名家名师作为

---

① 鄢月钿. 优秀教师的十大标准[M]. 长春：吉林大学出版社，2007.

② 刘利平，朱广东. 浅谈卓越教师的标准及其培养路径[J]. 教育教学论坛，2012(S5)：45-47.

自己专业成长的榜样，通过学习名家名师的教育著作，追寻名家名师的成长轨迹，借鉴名家名师的教育理念，模仿名家名师的班级管理和课堂教学，不断从形似向神似转变，提升自己的专业素质。如小学语文教师可以以窦桂梅、王崧舟等为榜样，小学数学教师可以以吴正宪、华应龙等为榜样，阅读他们的专著，学习他们的课堂实录进而模仿他们的课堂教学方式方法，在学习借鉴中实现自己的专业发展。

二、加强阅读

北京大学中文系资深教授钱理群说：什么是教育？就是爱读书的校长和爱读书的老师，带领着学生一起读书。苏霍姆林斯基指出：读书，读书，再读书——教师的教育素养的这个方面正是取决于此。由此可见，组织教师阅读，引导教师向书本学习，与书本为友，拜书本为师，站在巨人的肩膀上前行，对教师专业成而言，不仅非常重要，而且十分必要。如何阅读呢？

1. 重点荐读。读什么书，这对于广大教师特别是新教师而言，表面上看似乎只是一个选择的问题，但究竟读什么书对教师的专业成长更有利，需要学校从宏观层面给予适时引导和重点推荐，避免教师茫然选书。根据教师的专业现状和成长实际需求，学校每学期制订读书计划，推荐重点书目，提出读书目标。对重点推荐书目，可以分为三类：一是综合类，如《新教师最需要什么》《年轻教师的五项修炼》等，引导新教师尽快适应新角色；二是学科类，包括所任教学科《课程标准》及案例解读和同步教学优质录像课，更好地指导教育教学实践；三是特色类，即与各学校办学理念、研究课题相关的专业书籍及学校理念文化、管理制度相关的书籍，更好地统一教师思想。当然，随着教师不断成长，荐读书目需要不断调整、丰富。

2. 校长带读。校长是一所学校的灵魂。有什么样的校长，就有什么样的学校。因此，在推进教师阅读的过程中，身为校长必须以身示范，凡是要求教师做到的，校长首先必须做到。正如钱理群教授所言，校长必须爱读书，对教师读书活动要高度重视，定期研究。同时，校长既要带领教师读，还要带头以身示范读，变要求教师“给我读”为引导教师“跟我读”，做教师读书活动的引领者，做教师专业成长的精神导师。如每学期的重点书目确定后，教师可以及时在读书群分享之前阅读的印象、感悟，也可以即时分享同步阅读的感悟、理解，以此带动教师一起阅读。

3. 活动"悦"读。兴趣是最好的老师。只有让教师对阅读产生兴趣，才可能让教师产生阅读的内驱力、持久力，教师阅读才可能真正取得实效。为增强读书活动的吸引力和趣味性，需要在读书活动的设计上精心策划，引导教师快乐阅读，爱上阅读。一是可以利用微信群、QQ 群定期举行网上读书分享会；二是可以利用教师大会时间，定期组织读书答辩会，请教师轮流当报告嘉宾，换位当提问嘉宾；三是可以定期组织教师开展读书知识竞赛、辩论会、读后感征文，多渠道多形式搭建读书展示平台；四是通过编印《教师读书活动剪影》《教师读后感专辑》等，物化教师读书活动成果。

三、开展研讨

教师的专业成长，重"教"而不重"研"只会原地踏步、低水平徘徊，难以提高；重"研"而不重"教"则如同无源之水、空中楼阁，没有根基。只有既重"教"，又重"研"，方能以教促研，以研促教，"研"随"教"生，"教"伴"研"升。因此，针对教师实际，要利用一切可以利用的机会，引导教师开展研讨，集众人之智，为众人所用，促共同提高。

1. 课例研讨。课堂教学是教师的立身之本。教师的专业成长立足于课堂，成长于课堂，也体现在课堂。因此，提高教师的专业成长水平和能力，必须引导教师依托课堂、依靠课例进行研讨，在实践中研讨。如学校可以立足课堂，以学科为单位，定期组织开展课例研讨活动，通过备课（教师个人自备—学科组集体备课—教师个人再备）、上课（同课异构、同课同构或者模仿名师课）、说课（说教学目标、说教学设计、说目标达成、说主要得失及改进等）、评课（"三个一"，即一个亮点、一个问题、一条建议）四个环节，组织教师人人参与听课，人人进行评课，发挥团队作用，有效地促进教师的专业成长。

2. 课题研讨。课题研讨是校本研修的主要形式和手段，也是教师专业成长的重要平台和载体。学校要充分利用好这一平台和载体，积极申报或申领科研课题，全力开展课题研究，并将每一位教师都纳入课题组中，让教师围绕课题并结合个人兴趣、爱好及专业特长等自主申报子（微）课题进行研究。同时，组建课题研讨共同体，邀请专家到校指导研讨，定期组织教师（课题组成员）开展集中学习、专题考察和研讨交流等活动，让教师在课题研讨中提升专业素养、增强专业能力、锤炼专业精神。

3. 问题研讨。常言道：没有问题就是最大的问题。任何一所学校的发展、一位教师的成长，无不是在一个个问题的解决中获得的。因此在实际工作中，教师要定期开展基于问题的研讨，练就一双善于发现问题的火眼金睛。如可以针对学校德育管理、课堂教学、后勤保障、师生安全等各方面出现的问题、面临的困难，组织一定范围内的团队成员的研讨，凡事问个为什么。通过人人思考、人人分享，努力让问题变得更加清晰；透过现象看本质，努力找出“问题背后的问题”；通过加强学习，深入思考，努力使问题得到解决①。在问题研讨中，教师可以增强问题意识，提升解决问题的能力。

四、坚持反思

孔子曰：“学而不思则罔。”美国著名学者波斯纳曾说过：“教师成长＝经验＋反思。”因此，要促进教师专业成长，学校必须引导教师养成反思习惯，努力做到事事反思、时时反思、人人反思。通过反思，看到进步，增强自信；通过反思，找准问题，正视差距；通过反思，拟定策略，明确方向。教师如何开展反思？最佳方法是多动脑、多动笔、多写作，以写促学、以写促思。

1. 教学反思。在我们的教师队伍中，很多教师“年年教书年年教”，但教学水平、教学能力、教学效果总不尽如人意。而有的教师却一年一个新变化，一年上一个新台阶。为什么会有如此大的差异呢？关键就是：有的教师“涛声依旧”，用“一张旧船票登上客船”；而有的教师每次教学后都及时反思，下次上课时会结合反思的经验教训改进和完善。因此，我们要加强教学常规管理的改革创新，在狠抓“备、教、改、辅、考”五大教学常规的基础上增加“思”，原则上要求教师每次课后都要及时反思。在备课本或教学反思本上写下每次课的得与失、经验与教训、改进方向与策略等，并利用每周集体备课时间将各自的教学反思在备课组内轮流交流与分享。学校利用教研刊物开设“教学反思”专栏，择优刊登教师撰写的教学反思，展示教学反思成果，促进教师持续开展教学反思。

2. 教育反思。教师在教育工作中，每时每刻都在和学生打交道，每天都会遇到很多教育问题，观察到很多教育现象，发生很多教育故事，处理很多教育琐事。这些故事可能是令人开心的，也可能是令人伤心的；可能是机智

① 江珊. 没有问题就是最大的问题[M]. 北京：新华出版社，2009.

的，也可能是愚笨的；可能是令人感动的，还可能是令人郁闷的。通过引导教师养成认真观察、及时动笔、深入反思的习惯，会让教师发现每一个故事的背后都蕴含着深厚的教育哲理，给人以深刻的启迪，让教师真正感受到“教育无处不在，教育无时不在”，真正体会到“教育是一门科学，教育也是一门艺术”，真正领悟到“教育有法，教无定法”。

3. 管理反思。一所学校正常有序的运转、教育质量的稳步提升、学校文化的不断积淀，都离不开学校的管理体制机制的持续优化。在学校管理中，绝大多数管理工作都由教师兼任。要确保承担管理任务的教师不负厚望、不辱使命，就必须要尽快提升他们的管理能力，因此需要引导他们及时撰写管理反思。在撰写管理反思时，一定要坚持职责评判，对照岗位职责看履职情况；坚持计划引领，对照学期计划看任务完成情况；坚持目标导航，对照设定目标看绩效达成情况。通过“对照……看……”，找差距、析原因、定举措。

在教师专业发展的实践中，我们仅有反思是不够的，还要依据反思狠抓落实。如果仅仅停留在“思”的层面而没有上升到“行”的层面，那就失去了反思的意义。因此，我们抓落实一是要突出重点，不能“眉毛胡子一起抓”；二是要对症下药，行动要稳、准、狠；三是要突出效果，坚持实效性，体现创新性，实现发展性。

五、科学评价

任何一项工作要落到实处，取得实效，既要有好的工作实施方案，又要有好的过程监督管理，还要有好的考核评价机制。同样，对于教师专业成长，必须围绕工作部署，抓实工作过程，依据目标要求，认真考核评价。

评价是一种促进教师专业成长的重要策略，也是教师专业成长是否实现的重要依据。教师专业发展得怎么样，到什么程度，这些都需要我们构建科学的评价体系。

科学的评价体系，既包括教师的专业发展的过程性量化指标，还包括教育教学质量、教育科研成果等结果性指标；既要有时间要求，又要有任务要求，即在什么时限内完成什么任务，达到什么标准。如教师每学期至少上一节研讨课，撰写一篇有一定质量的教育教学论文，每周至少撰写一篇教学反思，每年寒暑假及工作期间至少阅读 4 本专著，教育教学质量每学年都要有一定提升，和同学科教师比有一定进步，每学期初制订学期专业发展小目标，期末对照目标进行自我评价，每年学校对照个人目标开展评价等。通过多维度、立体式考评，引导教师全方位参与学校读、思、研等专业成长的各项活动，完成各项任务。

科学的评价体系可以采取自下而上与自上而下、个人评价与团队评价相结合的方式进行，通过个人自评、团队互评、学校终评，既能让每一个团队（教研组/备课组）形成互帮互助、共同成长的合力，又能让每一位教师认识到自身专业成长方面的优势与不足，明确专业成长努力方向，还能最大限度地保证评价公平。

六、有效激励

有效的激励机制能够极大地激发人的动机、发掘人的潜能，充分调动人的积极性、主动性和创造性。为鼓励教师全身心地参加学校专业成长活动，努力加快专业成长步伐，可以对其采取多向激励机制。可以评定教师专业成长星级，如将合格教师、优秀教师、卓越教师三阶划分为 10 星教师，即新手教师为 1—2 星教师、合格教师为 3—5 星教师、优秀教师为 6—8 星教师、卓越教师为 9—10 星教师。其中除了对新教师进行学期认定外，其他阶位教师均按学年认定，根据细化标准，认定相应星级，颁发“教师专业成长星级”证书。可以授予荣誉称号，如每学期评选表彰专业成长“十佳”教师及读书之星、研讨之星、反思之星等若干名，并授予相应的荣誉称号，增强教师的荣誉感。也可以将教师专业发展结果纳入绩效考评，并根据考评结果发放绩效工资。还可以开辟“名师长廊”，定期宣传专业成长方面取得突出进步和显著成绩教师的巨幅照片、先进事迹及其工作业绩，提升社会认同度、美誉度，对特别优秀的教师，学校可以积极搭建桥梁，拜知名专家为师，与特级教师结对，申请开设名师工作室，积极推荐对外交流等，助推走向卓越。

教师的专业发展是学校发展的基础和前提，也是根本和关键。没有教师的专业发展，就不可能有学校的持续发展。因此，加快教师的专业发展既是当务之急，也是长久之计。注重引领、加强阅读、开展研讨、坚持反思、科学评价、有效激励等策略在促进教师专业发展的实践中虽然取得了良好成效，但教师专业成长因人而异、因校而异，针对不同的教师、不同的学校的实际需要采取不同的策略，这样才能实现每一位教师的专业发展。

18. 利用假期速成长[①]

《中华人民共和国教师法》规定：教师享有“按时获取工资报酬，享受国家规定的福利待遇以及寒暑假期的带薪休假”的权利。每年的寒暑假期既是教师休息放松的时间，也是教师享受家庭亲情的时间，更是教师学习充电的绝佳时间。常言道：“学霸不用怕，就怕学霸过暑（寒）假。”学生如此，教师亦如此。

那么教师如何在寒暑假期里实现快速成长呢？

一、享受假期生活

1. 坚持运动，让身体更健康。人生最宝贵的财富莫过于拥有一副健康的身体，每天运动一小时，方能快乐工作五十年、幸福生活一辈子。为此，我们可以选择适合的、喜欢的运动项目坚持锻炼，切实强身健体，积淀终身财富。

2. 参与家务，让生活更美好。工作是为了家庭，休息需要回归家庭。上班期间工作繁忙，我们可能难以兼顾家庭。假期是我们回报家庭的契机。为此，在寒暑假期里，在家里来一场大清扫、大整理，不妨为家人秀一手好厨艺、团圆宴，展示美好的生活。

3. 陪伴家人，让亲情更浓郁。我们既是教师，也是丈夫或妻子、父亲或母亲、儿子或女儿甚至孙子或孙女。每一个角色，我们都不能忽略。在假期里，多陪伴家里的每一位亲人，陪他们聊聊天、散散步、做做游戏、放松放松心情，争取在不长的假期里与家人共享天伦，让亲情更浓郁。

4. 安全至上，让生命更璀璨。寒暑假是学生放飞心灵的时机，也是我们心理上相对轻松的时期。在放松心情的同时，安全绝不能放松，疫情预防、交通出行、水电煤气、食品卫生、烟花爆竹等，一个也不能少！我们在叮嘱学生注意安全的时候，千万别忘了自己和家人。只有始终牢记安全，才能防

---

① 本文部分内容曾在“校长传媒”微信公众号上发表。

范安全事故发生，才能让我们的生命更璀璨。

二、充实假期生活

1. 总结工作。繁忙的一个学期刚刚过去，为了做好期末复习工作、期末各项工作总结，包括教学工作总结、教研工作总结（教研组长）、课题研究总结（课题组长）、班主任工作总结、处室工作总结等。作为工作管理的重要一环，我们必须对照各项工作计划，逐项逐条梳理检查，总结成绩，提炼经验，分析问题。

2. 深度思考。经过一个学期紧张忙碌的教育教学，当我们静下心来回首过去的时候，既体验了不少成功的喜悦，也感受到了些许不足的遗憾。对于这些生动、难忘的画面，我们不妨拿起笔来，进行深度思考，从教育教学理论中寻找成功的方法，挖掘缺憾的成因，形成独到的方法，汇成系统的文字，惠及更多的同行。我们可以根据学校重点课题、各自承担的其他课题和自己的兴趣与思考，撰写一篇教育教学论文。

3. 厚实基础。当今社会是一个飞速发展的社会，也是一个终身学习的社会。要适应社会发展对教育的新要求，我们必须持续学习、终身学习，以打牢我们从教的根基。为此，教师可在假期内，完成“四个一”，即依据课标编制一份任教学科综合试卷，每天书写一页钢笔书法字，认真阅读一遍本学科课程标准及《中国学生发展核心素养》、阅读一本专业著作并撰写一篇心得体会。

4. 谋划未来。一个学期的结束，预示着一个新学期的开始。为了更好地做好新学期教育教学工作，我们需要未雨绸缪，充分利用假期闲暇时间，制订下学期各项工作计划，高质量地提前备好开学第一周的课。

三、创新假期生活

过一个有意义的假期生活，需要我们不断创新。为了提升专业素养，实施课程标准，助力提质增效，我们还可以从以下方面来努力。

1. 研备一单元课。全面贯彻落实新方案、新课标，我们可以以学科备课组为单位分工，编制好各学科新学期教学计划，开展大单元集体备课，每人预备一个单元的教学内容，通过在线研讨进行交流、修订、完善。

2. 品读一本好书。教师在休息之余，可以基于解决教育教学问题来选书、读书，实现用一本书（配合期刊）完成一个微课题研究方案，以备在教育教学研究活动中展示，作为学期结束的成果。基于自己的喜好选书（学科期刊），发展自己的优势，研发自己独特的校本课程，以此作为引导学生综合学习、跨学科学习的素材，形成自己独特的教学风格。撰写一篇读书心得并制作成 PPT，开学后积极参与学校读书分享会。

3. 深研一节优课。为了做好新学期的教学研讨准备工作，教师在假期要做好上课准备，在研读课标的基础上，根据确定内容选听同一内容的 5 位不同名师或不同内容的 5 位名师优质课不少于 5 节，通过对比听课，深度解读教材，深度理解目标，深度理解设计思路。

4. 精写一篇美文。坚持每年寒暑假期至少撰写一篇美文。文章可以采取叙述的方式对自己本学期或近几年来专业成长进行回顾，论述、总结自己专业成长的经验、路径或得失、感悟，也可以围绕某一感兴趣的课题对自己的探索与实践、思考与研究成果进行系统全面的阐述。写完之后可以过一段时间再来阅读、修改、完善。

假期里可以纵情地休息，也需要默默地学习，在休息中学习，以学习的方式休息，我们必将收获满满，快速成长。

19. 享受假期再出发

“当老师真好！每年有两个较长时间的法定假期——一个暑假，一个寒假。”在几乎所有非老师的人群眼中，这两个假期都令他们羡慕、嫉妒、不平。

身为教师的我们，有他们所不知道的太多难言之隐。当教师好，当好教师更好；但当教师难，当好教师更难。对此，身为局外人的他们却无从感知。

为了当好教师，无论是过去还是现在，无论是现在还是未来，我们每一位老师无所谓任何付出，关键是心理上的压力，很多时候令人难以喘过气来。学生的安全问题丝毫不敢掉以轻心，教学质量问题丝毫不敢放松，学生素养培养问题一点也不能落下，自己的专业成长问题也不能落后。特别在是这个充满挑战与竞争的环境中，我们每一位教师，谁也不愿落后，谁也不甘落后！正如很多人说的那样，当教师吃的是一碗良心饭，休息与工作是分不开的，别人回家了，叫真正的下班了，可我们教师，有几人能够说回家了就叫下班了呢？大家下班后不是备课就是批改作业，不是制作课件就是撰写教学反思……

寒暑假到了，孩子们暂时离开我们回到了父母的怀抱。就让我们一起拥抱假期，放松自己，好好地休息一下吧！记得一位家庭教育专家曾经说过，“要让孩子好好学习，养成良好的学习习惯，首先要让孩子好好生活，养成良好的生活习惯”。作为教师，我们要好好工作，养成良好的工作习惯，同样首先要好好生活，好好休息，养成良好的生活习惯。谁都知道，身体是革命的本钱，没有良好的身体和愉悦的心理，我们何谈好好地工作？因此，我们每一位老师，一定要拥抱难得的寒暑假，好好休息，为了自己，也为了家人，为了工作，也为了未来！

洪湖赤卫队里的韩英曾经说过：我们把拳头缩回来，就是为了更有力地打出去！其实，寒暑假对于我们教师而言，这只不过是把拳头缩回来，其根本目的是更有力地打出去。休息，是为了更好地出发。寒暑假犹如一座加油站，让我们加加油；寒暑假也犹如一座充电站，让我们充充电。上班期间教师们都很忙，想读的书没时间去读，想学的艺没时间去学，想写的东西没时间去写，想做的很多事情没时间去做，就让我们拥抱假期，好好地休息，去做自己想做的事情。

自古忠孝难两全。教师，作为中华传统文化的传播者，我们绝不能忠孝两不全，而要做中华传统文化的践行者、示范者、引领者。平时繁忙的工作压得我们根本无暇照顾老人，陪伴丈夫（妻子），抚育好孩子，更无暇料理好家务。寒暑假里，就让我们放下一切工作负担，放松自己的心情，拥抱假期，好好地休息，从学校回归到家庭，从工作回归到生活，回家看看，陪老人聊聊，和丈夫（妻子）一起带孩子转转，共享天伦之乐，共享人间真情！

20. 做教育家型教师

不想当元帅的士兵不是好士兵，不想做教育家型的教师不是好教师。要将学校建设成区域内示范型、引领型、特色型学校，关键是要有一批教育家型的教师脱颖而出。

做教育家型的教师，必须加强学习。教育家型的教师都具备较为深厚的理论功底，因此，做教育家型的教师，必须加强学习，坚持学习，挤出时间来学习。可能有的老师会说，平时工作多、负荷重，没有时间学习！鲁迅先生曾经说，时间像海绵里的水，只要愿挤，总是有的。他还说过，哪里有天才，我是把别人喝咖啡的时间都用到工作上了。由此可以推测，凡是把工作忙作为不学习、不坚持学习的理由的教师，实质上是不愿意学习。当然，要促进专业成长，既可以向书本学习，也可以向身边的同行学习，还可以通过网络学习；既可学习专业理论，也可学习实践方法，还可以学习人文知识。

做教育家型的教师，必须坚持反思。任何一个人的成功都离不开反思。一个人只有不断反思自己的工作，才会不断发现问题、不断寻求解决问题之道、不断改革创新、不断完善自我。做教育家型的教师，就是要坚持堂堂思、日日思、周周思、事事思，每节课上完后、每件事处理完后都要认真反思，记载工作亮点，提炼成功经验，寻找问题与不足，研究解决办法。通过反思，不断提高自己的教学水平，丰富自己的教育阅历。

做教育家型的教师，必须勤于总结。做教育家型的教师，既要会做，还要会写。会做是实践，是行动；会写是总结，是提炼。会写是教师的基本要求、基本能力。教师会写，必须会写教案、会写工作计划与总结、会写活动方案，还要会写教育叙事、教学论文、研究报告等。但仅仅会写是永远不够的，还要勤写。只有勤于写作，勤于总结，才能展示我们会写的能力和水平，才能提升我们的专业素养和理论水平，才能扩大我们的知名度和美誉度。

只要坚持走专业化发展之路，成为教育家型教师的梦想必将成为现实，学校的发展目标也必将成为现实！

21. 从优秀迈向卓越

在我们身边，优秀教师的确不少，但卓越教师确实不多。优秀教师与卓越教师的差距在哪儿呢？教师如何才能从优秀迈向卓越呢？

一、永远保持良好的心态

进入教师队伍一段时间后，教师们最初的热情已经减弱，激情已经消退，一切回归常态。在优秀云集的校园，要从中脱颖而出走向卓越，必须始终保持良好的心态。不可否认，教师是一种职业，但又是一个比较特殊的职业，因为面对的是学生，是一群具有鲜活生命的个体。教师不但要教给孩子们知识，还担负着铸造孩子们灵魂的任务。不可否认，教师这个职业是我们谋生的手段，但我们也不能仅仅把它当成一种谋生的手段，不能一味地应付工作。教师应是一种充满灵性、充满情智、充满朝气和活力的工作，铸造的是孩子们的一生，是祖国和民族的未来。因此，我们要有良好的心态，要善待自己的职业，理解支持学校的决策、决定或工作部署，把工作当作一种幸福，当作一种快乐和满足，当作一种有意义、有价值的事情，快乐做教师，快乐做教育。只有这样，我们才能成全学生、成就自己；只有这样，我们才能获得职业的幸福、职业的满足。

二、始终瞄准一流的目标

卓越的教师一定是一流的。要成为卓越教师，必须瞄准一流目标。“法乎其上，则得其中，法乎其中，则得其下。”这句话的意思是一个人制订了高目标，最后仍然有可能只达到中等水平，而如果制订了一个中等的目标，最后有可能只达到低等水平。因此无论是治学还是立事，一定要志存高远，并为之努力奋斗，才有可能登峰造极。什么是一流的奋斗目标？怎样确立一流的奋斗目标？需要因校而异、因人而异、因时而异。原则上我们每一位教师的目标必须服务于学校发展目标，在学校的大目标、总目标的指引下确立自己的奋斗目标。当然，每位教师的自身基础、实际状况、兴趣爱好不同，奋斗目标确立的重点、方向也不尽相同。此外，在学校发展的不同阶段、教师自身的专业发展阶段，确立的目标也不相同。这个“一流”可以是对标全国的“一流”，也可以是对标区域的“一流”，还可以是对照自我的“一流”。总之，只要目标略高于教师个人的实际能力，“跳一跳，摘桃子”，我们就有可能从优秀迈向卓越！

三、努力提升理论的厚度

要成为卓越教师，必须既具有丰富的实践经验，又具有深厚的理论功底，既要会做，更要会写、会说、会推广。要提升理论厚度，必须勤于学习，善于学习，广泛阅读教育专著及各自专业领域的书籍、报纸、杂志，了解、把握、跟踪专业领域内最新最前沿的理论，并应用到自己的教育教学实践中，指导自己的教育教学及管理工作，通过实践再总结提升为自己的理论，实现“理论—实践—理论”的螺旋式上升。作为一名新时代的人民教师，我们唯有学习，才能增强自己的理论厚度，也才可能动手会做、开口会讲、提笔会写，成长为卓越教师。

专家们将众多卓越教师与一般教师、优秀教师对比后发现：在工作中，一般教师是“要我进取”，优秀教师是“我要进取”，而卓越教师则是“学我进取”；在成长中，合格教师卖力地工作，优秀教师高效地工作，而卓越教师创造性地工作；在机会面前，一般的教师流逝机会，优秀教师抓住机会，而卓越教师创造机会。教师的专业成长历程告诉我们：参加工作后的8—15年是教师专业成长的高原期。要顺利度过专业成长的高原期，每一位教师都要永远保持良好心态，始终瞄准一流目标，努力提升理论厚度，积极进取，创造性工作，创造机会，早日从优秀迈向卓越！

22. 追寻教师的幸福[①]

幸福是什么？曾有一家报社围绕这个问题开展了一次调查活动，记者随机采访了街上的行人，得到的答案各不相同。

一个双目失明的姑娘说：能看见就是幸福！

一个下岗的工人说：有班上就是幸福！

一个失去双亲的人说："子欲养而亲还在"就是幸福！

一个小学生说：没有作业就是幸福！

由此可知，幸福没有绝对的答案，关键在于个人的生活态度。其实，真正的幸福，不是我们所缺少的，而是我们已拥有的，更是我们所奉献的。有人就要问了：那教师的幸福是什么？就是在就业形势十分严峻的情况下，拥有一个安稳的工作和一份目前虽不算高但仍在继续上涨的薪酬；就是在社会发展日趋复杂多元的情况下，拥有一点难得的单纯和一个高尚的精神家园；就是以自己有限的智慧在"为党育人，为国育才"的过程中实现"青出于蓝而胜于蓝"的目标。

那么，我们在哪里去追寻教师的幸福呢？

教师的幸福在课堂中。课堂中的幸福是教师追求完美、积极、乐观的人生态度的体现。教学过程是师生共同成长的过程，也是师生体验幸福、享受幸福的过程。因此，课堂是教师追寻幸福的主场所。课堂中，当学生注意力高度集中时，教师激情满怀；当学生纷纷举手争抢着回答问题时，教师频频颔首；当教学中遇到瓶颈而学生巧妙化解时，教师暗自高兴；当学生的发言打破思维定式而迸出智慧火花时，教师拍手叫好……这些都是幸福。

教师的幸福在学生的成长里。学生是教师的服务对象，也是教师追寻幸福的帮手。在学生的成长过程中，教师不断享受着幸福。学生的每一个细小变化，教师都看在眼里，记在心里；学生的每一个微小进步，教师都笑在脸上，喜在心里；学生的每一次犯错，教师都唠叨在口头上，纠偏在行动中。

---

① 本文曾在《湖北教育》上发表，内容有删改。

学生长高了、长结实了，教师高兴并幸福着；学生讲文明了、懂礼貌了，教师满意并幸福着；学生知错能改了、成熟懂事了，教师欣慰并幸福着。

教师的幸福在校园里。在学校这个大家庭中，教师每时每刻都在追寻并享受着幸福。早晨，迎着朝阳走进校园，是一声声银铃般的“老师早上好”；晚上，放学后离开校园，又是一声声亲切的“老师再见”。在这里，教师享受着学生爱戴的幸福。办公室里，当偶尔有教师情绪低落时，总会有同事关切地询问；集体备课时，大家会为一个问题各抒己见甚至争论不休；教学研究课中，同事之间会反复地切磋、研讨。在这里，教师享受着同事互助的幸福。学期末，圆满完成工作任务，教学取得进步，考核业绩优良，受到领导的肯定、表扬和奖励。在这里，教师享受着成功的幸福。

教师的幸福在学习中。教师是知识的传授者、文明的传播者，是人类灵魂的工程师。学高为师，身正为范。当今时代，知识传播多元化，信息更新加速。承载教书育人使命的教师，只有不断学习，树立先进的教育理念，拥有扎实的专业知识，掌握过硬的专业技能，方能抢占教育制高点，引领教育新潮流。为此，教师视知识为瑰宝，视书本为食粮，在不断的学习中充实自我、丰富自我、提高自我、完善自我，最终幸福自我。

当精心培养出的学生“青出于蓝而胜于蓝”时，教师理应是幸福的；当在辛勤的教育教学中感受到教学相长时，教师无疑是幸福的；当在不断的学习中“学而知不足”时，教师当然是幸福的；当与学生和谐相处宛如亲人时，教师更是幸福的！教师的幸福就在身边，就在现在的时光里！追寻教师的幸福，我们就应好好珍惜每天、每时、每刻！

第二部分　校长这样更美好

校长，乃学校之灵魂，是学生之师，亦是教师之师。
美好，既是校长的理念表达，也是校长的行动方向。
追寻教育的美好，校长这样做，可以更美好！

1. 好校长“好”在哪里[①]

都说一位好校长，就是一所好学校。也说一所好学校，定有一位好校长。好校长打造好学校，好学校成就好校长。那么好校长“好”在哪里？结合笔者经历，我以为，一位好校长一定是这样的。

一、脑中有“方”

一是脑中有方向。校长的办学方向，如办学思想、办学理念、办学目标等，还包括学校的发展方向，如学校近期的发展规划、目标、教师的成长目标、学生的培养目标等。

二是脑中有方法。即实现学校发展的路径、策略。路径是基础，是施工图，策略是保障，是脚手架。

三是脑中有方案。即包括学校每一项工作开展的实施方案、也包括每一项任务落实的具体方案。

二、眼中有“人”

一是眼中要有学生。校长要把学生发展作为第一考量因素，要把是否有利于学生的终身发展、持续发展、绿色发展作为学校决策的重要依据。

二是眼中要有老师。校长要时刻把老师发展摆在学校管理的第一位，要通过把教师的发展、教师的保障、教师的服务等做到位，来赢得老师的支持、配合，调动老师的工作积极性、主动性、创造性。

三是眼中要有家长。习近平总书记在党的二十大报告中再次提出：“我们要办好人民满意的教育。”人民满意，首先是学生家长满意，没有家长的满意，就无从谈人民满意。因此，要充分考虑家长的现实需求与期待，切实加强与家长的联系，努力赢得家长的配合，真正实现家校齐心，协作共育。

三、心中有“事”

一是心中要明白要事。为党育人、为国育才，这是我们校长的要事；立

---

① 本文曾在“校长派”微信公众号上发表。

德树人，全面发展，这也是我们校长的要事。

二是心中要谋划大事。安全第一、质量至上，这是我们校长的大事；疫情防控、文明创建，这也是我们校长的大事。

三是心中要不忘小事。师生员工心的所思、所想、所愁、所盼，校长需要关注。事可能很小，但对于每一位师生员工而言，都可能大于天。我们绝不能勿以善小而不为。

无论是国家要事、学校大事还是师生小事，对于校长而言都不可等闲视之。校长只有解决了教师的小事，才可能谋划好学校的大事、落实好国家的国事。

四、手中有“尺”

一是手中有尺度。尺有所短，寸有所长，凡事有尺度。这里的尺度即标准、规则、政策。作为校长，我们就是要建立健全学校各项工作的制度、职责、标准，让学校的每一位成员知道做什么、为什么做、怎么做和做到什么程度。

二是手中有标尺。标尺，是一种丈量工具。作为校长，我们需要对教职工和学生的工作进行丈量、评估、评价，所以必须有标尺。这个标尺，就是建立健全学校各项工作的评价标准及评价方法，更好地引领每一位教职工和学生朝着既定目标前进。

三是手中有戒尺。戒尺，即惩戒。作为校长，我们要紧握戒尺，大胆向破底线、闯红线、侵犯生命线的行为“亮剑”!

质量是学校生存和发展的生命线。一所好学校，也一定是一所高质量的学校。因此，笔者还以为，一位好校长，一定会做到“两手抓”。

1. 一手抓德育，一手抓教学

五育并举，德育为首；育人为本，德育为先。德为立身之本。人们常言道：无才无德是废品，有德无才是半成品，有才无德是危险品，有德有才是精品。因此，抓质量，必须始终坚持一手抓德育，一手抓教学，始终把德育摆在学校各项工作的首位。

抓德育，一是要着力建设优良的校风，二是营造和谐的班风，三是形成浓厚的学风。通过“三风”建设不断培养学生爱学习的品行，提升学生会学习的能力，激发学生愿学习的兴趣，调动学生想学习的内驱力。

如果忽视德育抓教学，无异于钝斧砍柴，事倍功半，效率低下甚至无效。如果只抓德育不抓教学，那就形同空中楼阁镜中花，虚幻缥缈，失去价值。因此，抓质量，校长一定要一手抓德育，一手抓教学。

2. 一手抓课堂，一手抓课外

课堂是学习的主阵地，抓质量的根本在课堂，这一点毋庸置疑。校长要深入课堂，在课堂中发现问题、解决问题、提高质量。质量，仅仅抓课堂是不够的，因为决定课堂效率高低的关键在于课外教师的备课。因此，我们不仅要抓好课堂，更要抓好课外，抓好教师课堂之外的专业引领，如阅读、反思、写作等，抓学生课堂之外的实践创造，如阅读、运动、拓展等。只有课堂内外一起抓，方可“两不误”，做到“两促进”，实现“两提高”。

3. 一手抓常规，一手抓科研

抓质量，必须遵循教育的基本规律。如果违背教育基本规律，肯定难以抓好质量。抓质量，必须牢牢抓住“两个基本点”，一个是教学常规，一个是教育科研，两者缺一不可。教学常规是抓质量的基础，是提高质量的保障。只有认真抓好备、教、改、辅、考等教学常规，定期检查、定期评价、定期奖惩，这样才可能提高教育质量。

教育科研，是提高教育质量的第一生产力。抓教育科研，校长要勇做领头雁，带头干，带领干，冲在前面，走在前列；要善于发现教师的特长，培养教师的科研能力，力争在教育科研的道路上把教师扶上马，送一程。

4. 一手抓校内，一手抓校外

要提高质量，实现发展，学校内部团结稳定是第一位的。因此，校长要抓好学校内部的管理，平衡好各种关系，确保教师、学生、家长等多方利益得到有效保障。同时，学校也是社会的一部分，在社会中扮演着相应的角色。校长要在抓好校内的同时抓好校外，主动融入大环境，积极利用大环境，为学校发展争取资源，为质量提升创造良好的外部环境，争取实现校、家、社协力共育、多方共赢。

2. 管理要精细化

带着问题看学校，确实还有诸多不足，如学生放学路上的歌声、诵读声没有当初响亮；大课间明显准备不足，大多数班级的大多数学生没有带跳绳或毽子开展活动；学生行为进一步规范，乱丢乱扔现象越来越少，但清洁卫生的打扫还存在死角、盲区、不彻底等问题，楼道靠近地面墙砖上面污迹明显，厕所门上的脚印、墙壁、管道上污迹长久未除，部分班级的门框边条损坏后一直没有采取任何修缮措施……透过现象看本质，根本原因是我们的管理还不够精细化。

何为精细化？精者，去粗也；细者，入微也。精是精湛、精益求精，细是细节、最小的工作单元。精细化，就是精细的系统化、理论化。

怎样做到管理的精细化？

一是“细”，即管理的内容要全。作为教师，我们每一位都是当之无愧的管理者。那么，我们究竟要管什么？什么该我们管？什么不该我们管？什么需要我们重点管？什么只需要我们一般管？什么需要我们迅速管？什么需要我们慢慢管？这是我们必须明确的问题。为此，我们要根据教师的工作职责、各自的岗位职责、学校工作计划及其工作要求，明确自己的管理内容。将管理内容菜单化，使内容更清晰；根据事情的轻重缓急，抓大放小。

二是“精”，即管理的标准要高。作为学校的拓荒者，我一直坚持：要么不做，要么做到最好。学校的发展目标已经确定，教育主管部门在开学工作检查中又对我们提出了更高的要求。要实现这一目标，必须针对我们所管理的每一个内容列出应达到的标准及达到这一标准的路径。在制定标准前，要认真学习研究省级示范学校标准或者省内一流学校的标准，然后结合各自岗位实际情况制定符合校情的标准，力争通过5—8年的努力，能够将学校建设成省内有名的现代化示范小学。

三是“化”，即管理的系统性。我们的管理不是一个方面或几个方面的精细，而是全方位系统性的精细。具体而言，既包括德育工作的精细管理，如师生品德、行为习惯、班队建设、校园文化、宣传阵地、校园安全等；又包括教学工作的精细管理，如教学常规、课程管理、教育科研、学籍管理、教师发展、装备配套等；也包括后勤工作的精细管理，如校产管理、财务管理、水电管理、食宿管理、采购修缮、绿化美化等。只有各方面的精细管理集成上升为理论并具有借鉴性，才能称之为精细化的管理。

四是“实”，即管理的内容要落实。无论是管理的内容多细、标准多精，管理不落实，精细化无从谈起，一切等于零。管理要落实，必须切实抓好过程、抓实过程、抓细过程。

教育大事必做于精，日常工作必作于细。细节决定成败。由此可见，精细化是一种意识、一种观念、一种认真的态度，一种精益求精的文化。“细”是精细化的必经的途径，“精”是精细化的自然结果。我们每一位教师要在“精”字上下功夫，在“细”字上做文章，让精细成为一种工作习惯，以此来实现我们的发展目标。

3. 校长写评语好处多[①]

年年岁岁花相似，岁岁年年人不同。转眼间，一个学期即将结束，学生评语撰写工作又将拉开序幕，班主任又要为学生书写学期评语了。

班主任为什么每学期都要给孩子写评语呢？一是为了加强与家长之间的交流，让家长全面了解孩子在校一学期的现实表现。二是为了激励孩子，利用书写评语的方式对孩子一学期来的点滴进步进行肯定和表扬。三是为了改正缺点与不足。评语除了肯定成绩与优点外，一般还会指出孩子身上存在的主要问题与不足，可以让家长和孩子一起努力，力争在假期及下学期改正。

同样道理，为了加强与教师的交流，激励教师工作，引导教师改正不足，校长为何不能像班主任给孩子写评语一样，给每一位教师写评语呢？

从上学期期末起，我尝试着给每一位教师写评语，感慨颇多。一是深深地感到自己对教师的陌生。在写评语的过程中，我发现自己对少部分教师还真的不太了解，虽然认识、共事了一年有余，但到写评语时才真正发现竟难以下笔，甚至无话可写。同时，即使对自认为比较了解的教师，也因了解不深入、不透彻，评语写得较为肤浅。二是教师对评语非常重视，并给予热切的回应。写评语的过程中，我反复对字词进行斟酌、修改，力求语言表达更完美，激励更富情感，建议更加含蓄、隐晦，既能让教师接受又能维护他们的自尊。为此，我将评语打印出来后，在期末最后一场教师大会结束后逐一发给教师，而没有采取公开集中的发布方式。从会议结束后的教师反馈情况看，教师们普遍反映正面，绝大多数教师因得到校长的认可而高兴，也表示要努力改正自身存在的问题。

针对首次为教师写评语的收获得失，我认为，为教师写评语可以达到以下效果。

一是可以促使校长转变工作作风。校长只有深入教师群体，才能全方位、

---

① 本文曾在中国教育报刊社“中国教育之声”微信公众号上发布，原标题为《校长给教师写评语，好处实在太多》。

多维度了解教师的动态，才能做到对每位教师都有评语可写。

二是可以切实转变校长的管理思路。管理的本质是管人，管人的核心是管心。只有了解教师的工作、生活，了解教师的困难、需求，真正走进教师的心灵，校长才能因人施策、对症下药，才能管到教师的心坎上。

三是可以进一步融洽干群关系。校长给教师写评语，更多的是激励与肯定，可以让每一位教师都看到自己的优点与进步，满足了教师被认同的需求心理。反过来，评语的撰写也让教师更加了解校长，今后也会理解、支持校长的工作。比如教师如果有工作上的建议，会主动和校长沟通。

为教师写评语，应该作为校长的一项基本工作。当然，校长是每学期还是每学年为教师写评语，可以根据各地各校甚至各校长的实际自行决定。但如何为教师写评语，需要每一位校长用心用情，既要客观，又要公正；既要全面，又要具体；既要真情流露地赞赏激励，又要委婉含蓄地批评指正。

4. 教师专业发展新路径[①]

——以华中师范大学附属惠州大亚湾小学为例

百年大计，教育为本。教育大计，教师为魂。作为教育高质量发展的重要保障、第一资源，建设一支高素质专业化创新型教师队伍事关教育强国建设，事关教育、科技、人才一体化推进。

2023 年 5 月 29 日，习近平总书记在中央政治局就建设教育强国进行第五次集体学习时指出：建设教育强国，基点在基础教育。基础教育搞的越扎实，教育强国步伐就越稳，后进就越足。

建设高质量基础教育，必须切实提高中小学教师队伍专业水平。作为教师队伍建设的主体的中小学校，怎样才能建设一支高素质专业化创新型的学校教师队伍？我们必须牢牢抓住“评价”这个牛鼻子、总开关。

一、深刻理解教师专业发展评价的价值

思想是行动的先导，认识是行动的指南。只有正确认识、深刻理解教师专业发展评价的重要价值，才能不遗余力、自觉自主地组织实施教师专业发展评价。

1. 教师专业发展评价是教育评价改革的重要一环

2020 年 10 月 13 日，中共中央、国务院印发了《深化新时代教育评价改革总体方案》（后简称《方案》）。《方案》指出，教育评价事关教育发展的方向，有什么样的评价指挥棒，就有什么样的评价导向。《方案》要求，改进中小学校评价，义务教育学校重点评价促进学生全面发展、保障学生平等权益、引领教师专业发展、提升教育教学水平、营造和谐育人环境、建设现代学校

---

① 本文为广东省 2023 年教师教育科研能力提升计划项目《开展“十星级”教师评价促进小学教师专业发展与学校整体发展相适应的研究》（编号［2023］YQJK344）研究成果，主持人为黄国臣，成员为吴秀秀、胡莹、黄铁霞、杨菊、廖巧荣、刘俊鹏。本文第二作者为胡莹（大亚湾区教研室教研员）、第三作者为杨菊（深圳高级中学教师）。

制度以及学业负担、社会满意度等情况。其中，“引领教师专业发展”成为义务教育学校教师评价的重要内容。

2. 教师专业发展评价存在的突出问题亟待解决

教育专业发展评价，不仅关系教师个人成长，也关系每一所学校、关系到整个教育事业的健康、协调、可持续发展。而纵观国内各地各校对中小学教师的评价，存在的突出问题不容忽视，亟待解决。一是评价标准固化。重视综合性评价而弱化专业性评价，着重评价教师的德、能、勤、绩、廉等综合因素，不兼顾教师专业全维度发展的评价体系很难真正促进每一位教师的专业发展。二是评价主体单一。教师的评价主体基本都是教师所在单位及其主管单位，也就是所在学校及上级教育行政主管部门。这种单一的评价主体使教师对评价无感，教师对评价结果的认同度也不太高。三是评价覆盖面窄。当前对教师开展的评价主要用于表彰或奖励，仅仅覆盖极少部分教师，导致大多数教师成为评价的旁观者或无关者。四是评价作用有限。评价主要有五大功能，即诊断、导向、激励、鉴定、引导。但在现有的教师评价中，重视结果评价而忽视过程评价，忽略了增值性评价，导致评价对教师的诊断作用不充分，导向作用不明确，激励作用不突出，鉴定作用不全面，引导作用不协调。

3. 教师专业发展评价有助深化教师队伍建设提高教育质量

近几年来，党中央国务院先后对教师队伍建设、提高教育质量做出了具体部署。《中共中央 国务院关于全面深化新时代教师队伍建设改革的意见》指出：把提高教师思想政治素质和职业道德水平摆在首要位置，把社会主义核心价值观贯穿教书育人全过程，突出全员全方位全过程师德养成，推动教师成为先进思想文化的传播者、党执政的坚定支持者、学生健康成长的指导者。《中共中央 国务院关于深化教育教学改革全面提高义务教育质量的意见》指出：大力提高教育教学能力……定期开展教学素养展示和教学名师评选活动，对教育教学业绩突出的教师予以表彰奖励。优化教学方式。坚持教学相长，注重启发式、互动式、探究式教学。各地要定期开展聚焦课堂教学质量的主题活动，注重培育、遴选和推广优秀教学模式、教学案例。要落实这些部署，唯有尽快提高教师专业发展水平，尽快提高教师专业发展水平，必须开展教师专业发展评价改革。

二、科学制定教师专业发展评价的标准

评价是通过计算、观察或咨询等方法对某个对象进行一系列的复合分析研究和评估，从而确定对象的意义、价值或者状态。开展评价，首先就是要确立评价标准。开展教师专业发展评价，究竟从哪些方面来确定评价标准才科学合理，这是一个仁者见仁、智者见智的问题。

2011 年 12 月，为落实教育规划纲要、促进教师专业发展，建设高素质教师队伍，教育部研究制定了《幼儿园教师专业标准（试行）》《小学教师专业标准（试行）》《中学教师专业标准（试行）》。这三个试行标准分别从专业理念与师德、专业知识、专业能力三个维度，职业理解与认识、对学生态度与行为、教育教学的态度与行为、个人修养与行为、学生发展知识、学科知识、教育教学知识、通识性知识、教育教学设计、组织与实施、激励与评价、沟通与合作、反思与发展等 13 个方面对教师专业标准做了明确具体的规定。

2020 年 10 月《深化新时代教育评价改革总体方案》则指出，改进教师评价，坚持把师德师风作为第一标准，坚决克服重科研轻教学、重教书轻育人等现象，突出教育教学实绩，把认真履行教育教学职责作为评价教师的基本要求，引导教师上好每一节课、关爱每一个学生，强化一线学生工作。

根据上述要求，结合我们对教师专业发展的理解与教师专业发展实际需要，我们从专业理念、专业素养、专业能力、专业结果四个维度，师德师风、关爱生命、学科素养、专业阅读、课堂教学、信息技术、评价反思、沟通合作、科研创新、教育质量等十个方面，对教师的专业发展评价制定了具体详细评价标准，即“十星级”教师专业发展评价标准，使其既具有科学性，又具有人文性，还具有可操作性，既符合国家政策，又立足学校实际，还彰显教师个性，将教师专业发展国家标准校本化、校本标准人本化，使标准不仅具有诊断、鉴定作用，更具有引领、激励作用。

三、牢牢把握教师专业发展评价的方法

“十星级”教师专业发展评价，评价是手段、是方法、是策略，促进教师专业发展才是根本、是目的，也是目标。如何最大限度地通过评价提升教师专业发展水平呢？

1. 自主评价与多方评价相结合

自主评价即把评价的权利还给教师，让教师对照标准进行自我评价，增

强教师评价的参与感、主体性、知情权。多方评价包括同年级组教师根据日常了解情况对每一位教师的师德师风、关爱生命、评价反思、沟通合作等项目进行互评，同学科组教师根据日常了解情况对每一位教师的学科素养、专业阅读、课堂教学、信息技术、评价反思、科研创新、教育质量等项目开展互评，家长与学生根据日常了解情况对教师师德师风、关爱生命、沟通合作、评价反思等项目进行评价，学校相关处室最后根据学校常规管理数据和自评、互评、它评结果综合起来进行评价，确保评价的公平性、科学性，提升评价结果的认同性。

2. 分项评价与综合评价相结合

分项评价即分别针对“十星级”教师专业发展评价标准开展评价，用多把尺子评价，评出各个项目星级达标情况，使教师更好地发现自己专业发展的长处与不足。综合评价即将各个项目星级达标情况汇总统计，按照星级达标数量评出十星级、九星级、八星级等不同等次星级教师。在评价中先实行分项评价，再进行综合评价，既可以让学校及教师个体全面了解每个项目的达标情况，又可以了解学校及教师个体的综合达标情况。

3. 定时评价与即时评价相结合

定时评价即评价项目时间相对固定，而即时评价则指实时评估。在“十星级”教师专业发展评价中，我们对学科素养、信息技术、教育科研、教育质量等项目实行定时评价，对师德师风、关爱生命等项目实行即时评价。在定时评价项目中，把科研创新等项目的评价周期设定为两年，把教育质量等项目的评价周期设定为每学期。一个周期内达到标准，即授予星级，对于师德师风、关爱生命等即时评价项目，只要发生星级评价否决事项，即取消星级。

4. 常规评价与联动评价相结合

常规评价即按照一般标准进行评价，某个项目达到标准即授予该项星级。联动评价即对涉及面广、关联度大的项目实行联动评价，该项目达标，与之关联密切的项目同步授予星级。如在评价项目中，我们明确把师德师风、关爱生命、教育质量等作为联动项目进行评价，教育质量获得星级，课堂教学可同步获得星级，关爱生命没有获得星级，则师德师风同步不能获得星级等。

四、系统搭建教师专业发展评价的平台

教师专业发展评价，评价标准、评价方法非常重要，但只有评价标准、

评价方法是无法促进教师专业发展的。如果没有评价数据，评价则成了无源之水、无本之木。评价数据是评价科学性的重要基础和前提。因此，我们必须搭建与评价标准一致的活动平台，在活动平台中产生数据、收集数据，为评价提供依据。在实践中，为全面开展“十星级”教师专业发展评价，我们对应评价标准系统搭建了丰富多彩的教师专业发展的平台。

1. 人人研讨课

教师最好的研究是课堂，最好的成长在课堂。为此，我们全面开展了“人人研讨课，天天研讨课”活动，即每位教师每学期至少执教一节研讨课，确保全校每天基本都有研讨课。研讨课包括个人备课、集体备课、教前试课、修订完善、正式上课、课后研讨六个环节。在课后研讨中，又分为前沿观点微分享、执教教师谈得失、观课代表献良策、美好课堂共打造（集体研备下一位执教教师课例）。研讨课以学科教研组为单位组织，本学科组全体成员参与，欢迎其他学科教师参与。“人人研讨课”为教师专业发展评价中教师互评学科素养、课堂教学、信息技术、评价反思等提供了真实场景和直观了解。

2. 综合教学研讨

为营造教学研究氛围，落实科研兴校策略，学校自建校以来每学期期中都开展综合教学研讨活动，至今已经举行了 19 届。活动包括确定主题、拟定方案、宣传发动、专题培训、组内研讨、校内展示、总结评比、表彰奖励、物化成果等阶段，每届历时近两个月，研讨内容包括课堂教学、教学设计、作业设计、论文评比、课题研究等，教师人人参与，个个受益。活动中产生的数据为教师课堂教学、教学研究等内容的星级评价提供了真实的数据。

3. 常规考评记载

教师的评价既看结果，也看过程。过程性的管理包括日常的教学常规检查、教师出勤记载、学生的行为规范评比、安全管理记载等。这些数据可以有力地支撑对教师的师德师风、关爱生命、教育质量等内容的星级评价。

4. 教学质量分析

每学期期末质量监测完成后，我们不仅组织教师交叉阅卷评卷，还会组织教师交叉进行质量统计汇总，包括平均分、分数段、优秀略、两手吕、合格率、低分率等数据，然后让教师对照数据开展以小题为单位的质量分析，学校组织专班对各年级各学科各教师的教学质量进行分析，并对在上级质量检测中位居全区前列、校内各学科教学质量位居年级前列以及同比上学期提升幅度较大的学科任教教师授予“教学质量先进个人”。获此殊荣的教师原则上即可获得“教学质量星”。

5. 假期校本研修

每年寒暑假期，既是教师休息调整的时间，也是教师学习提升的时间。为此，我们充分利用寒暑假期，组织教师在休息中学习，在调整中提升，集中开展“五个一”活动，具体包括共练一笔字，共读一本书、共听一节课，共写一篇文，共备一场素养考，开学教师返校后逐项开展考核、评选、表彰、奖励，如“两笔字”、美好教育征文评比、博雅读书分享、教师素养考试（体音美信等综合学科包括技能展示），由此产生了大量的数据可以用于学科素养星、专业阅读星的评价。

6. 学年问卷调查

家长、学生以及同行对教师的专业发展水平拥有最直观的感受。因此，让他们参与评价熟悉教师的专业发展，可以使评价结果更真实、更准确、更有感。每学年下学期结束前后，我们设计在线问卷系统，分别面向教师所在班级的家长及学生、同学科组教师、同年级组教师，针对相关对象所熟悉了解的项目进行问卷调查，并将问卷调查的结果作为学校综评各星级项目的重要参考依据。

五、充分运用教师专业发展评价的结果

教师专业发展评价的最后一公里在于结果的充分运用，并发挥作用更好地促进教师专业发展，实现评价的良性循环。为此，我们建立教师专业发展评价结果发布制度，每学年通过教师群（八星级及以上教师）、一对一（其他教师）的方式公布或发送教师专业发展“十星级”评价结果及明细，让专业发展好的教师有荣誉感，让专业发展不够的教师明确短板，增强紧迫感和方向性。

开展“十星级”教师专业发展评价，我们的总体目标是通过发布结果、运用结果，引导教师不求人人“十星”，但求人人争星、年年（期期）增星，以教师专业发展促进学校整体发展。同时，努力实现“三个”具体目标：

1. 人人明确专业发展方向

通过“十星级”教师项目内容的设置及达标标准的确定，让教师明确教师专业发展的方向。通过“十星级”教师评价前的自我规划、评价中的自我

评价和最后的学校评价，让教师充分认识到自我专业发展的短板，把握自身专业发展的重点。

2. 内生专业发展动力增强

对教师在专业发展各项目中取得优异成绩或表现突出的，学校评定获奖等次或授予荣誉称号，优化教师绩效分配方案，鼓励多劳多得、优劳优酬，充分利用“十星级”教师评价结果，按照星级高低评先评优，发放教师绩效，弥补教师工资职称化的不足，激发教师提升专业发展的内生动力，促进教师不断完善自我、发展自我，全面提升专业素养。

3. 专业发展评价机制优化

通过“十星级”教师的分年度评价，促进教师专业分年度发展，打破一劳永逸、坐享其成、停滞不前、不思进取等不良局面；针对实践中的问题不断改进、不断优化，形成符合学校实际、满足教师需求的教师专业发展机制。

4. 学校办学品质同步发展

“十星级”教师评价既促进了教师的专业能力的提升，也促进了学生综合素养的提升。在师生发展的同时，学校的整体办学品质得到同步发展，形成了互相促进、互相成就的良性循环发展局面。

课程改革的核心在于课堂改革，课堂改革的核心在于教师专业发展。只有教师的专业发展了，才可能有学生的发展，也才有学校教育品质的提升，而引领教师专业发展的“牛鼻子”就是教师评价。通过开展“十星级”教师专业发展评价，引领教师对照专业发展标准自主学、积极思、大胆做、努力行，人人争“星”晋级，个个争“星”创优，学校发展与教师专业发展将水涨船高。

5. 打造办公室文化[①]

最近刚到一所新学校工作，便有幸参加了学校办公室文化建设检查。在深入到每一间办公室检查的过程中，我不仅看到了办公室地面干净、桌面整洁、墙上布局丰富，更看到了每一位教师的热情、期待与渴望。

开展学校办公室文化建设，既重要又必要。重要性是为教师建设一个良好舒适的硬环境，必要性则是为教师营造一个和谐进取的软环境。建设良好舒适的硬环境很简单，只需要一定的设计、一定的投入，而要营造和谐进取的软环境，则需要思想的碰撞、时间的积淀、实践的检验。

那么，学校办公室文化如何评判呢？它们有什么共性标准？如何打造学校办公室文化呢？

一是要把握从属性。办公室文化是学校文化的重要组成部分。因此，各办公室文化必须符合学校整体文化架构，从属学校文化内涵，从办公室维度体现学校文化；否则，将影响或者破坏学校文化建设的整体性、系统性。

把握办公室文化的从属性，各办公室要找准学校文化建设内涵和本办公室的最佳结合点和切入点，然后围绕两者的最佳结合点和切入点进行设计，绝不能想怎么建设就怎么建设。

二是要凸显团队性。办公室是教师朝夕相处的小家庭，也是一个协作共进的小团队。因此，办公室文化建设必须营造家文化，凸显团队性。

凸显办公室的团队性，各办公室可以确立共同愿景，拍摄全家福，制定协作公约，定期开展团队活动，真正实现同进步、共成长。

三是要体现特色性。特色性是区分一个办公室与其他办公室不同的显著标签。在学校的办公室建设中，为了省事方便，不少教师习惯模仿、借鉴，甚至直接复制其他办公室文化，缺乏个性，更没有特色。

体现办公室文化的特色性，各办公室要结合自己的职责职能、年级及学

---

① 本文曾在中国教育报刊社“中国教育之声”微信公众号上发表，原标题为《开展学校办公室文化建设，既必要又重要》。

科特点、教师个性及特长等，确立本办公室的工作理念、工作目标、工作策略等，确立本办公室文化建设的整体设计思路。只有体现个性，方能彰显特色。

四是要具备实践性。办公室文化建设的最终目的是以文化人，在办公室内形成大家共同遵循的价值观。因此，办公室文化必须具备实践性，易于操作、执行、落实。

确保办公室文化建设的实践性，各办公室全体教师应共同参与理念架构的设计，通过交流探讨，寻找办公室文化理念的最大公约数，既需要全体教师共同参与具体建设，更需要全体教师共同遵循、实践。

三流的学校靠人管理，二流的学校靠制度管理，一流的学校靠文化管理。建设好学校办公室文化，是建设好学校文化的主要渠道和重要载体，更是铸就教师精神家园的必由之路。

6. 建设好班级文化

有人说，三流的企业靠管理，二流的企业靠制度，一流的企业靠文化。也有人说，三流学校的管理靠校长，二流学校的管理靠制度，一流学校的管理靠文化。企业如此，学校如此，班级亦如此。加强学校文化建设，必须切实加强班级文化建设，以班级文化建设提升学校文化。如何建设好班级文化呢？我以为，必须充分认识并正确处理班级文化与学校文化之间的关系。

班级文化必须从属校园文化。班级是学校的组成部分，每一所学校都由很多班级组成。从组织架构上看，班级层级低于学校层级，班级从属于学校，那么，班级文化也必须从属学校文化。在班级文化建设中，班主任也好，学生也罢，必须正确认识这一点，不要片面地把班级当作个人的一亩三分地，更不能让个人管理理念在班级文化建设中肆意发挥，另起炉灶搞自己的一套，要在各自学校校园文化总体理念的框架下建设符合各自班级实际的班级文化，确保班级文化与学校文化的一致性和协调性。

班级文化必须服务校园文化。每一所学校都有自己的校园文化，每一个班级也都有自己的班级文化。但一所学校内的各班级的文化建设必须服务于本学校的校园文化。在班级文化建设中，要立足校园文化谋划班级文化，要围绕校园文化建设班级文化，让班级文化主动对接校园文化，将班级文化置身校园文化之内，努力将班级文化建设成校园文化的缩影。

班级文化必须承载校园文化。校园是个大天地，班级是个小舞台。校园文化内涵丰富，班级文化简洁明了。校园文化需要借助校园内的每一个人、每一座建筑物、每一项制度、每一个角落、每一项活动、每一个处室、每一个班级等作为载体。作为校园文化载体之一的班级，其文化必须从校园文化的某一个角度或者某一个方面切入，将校园文化的某一个方面或者某一点具体化，使不同的班级文化既有共性，也有个性。个性的属于班级，也属于班主任，更属于学生。但共性的则属于学校，属于学校文化的有机组成部分。

班级文化必须彰显校园文化。古人云，窥一斑可见全局。走进一所学校，只需观察这所学校的一个角落、一个区域或者一条道路，就足以了解其校园文化的主要精髓和核心内涵。学校下辖的每一个班级理所当然彰显学校校园文化的主要精髓和核心内涵。班级文化作为校园文化的基础和前提，只有努力构建符合校园文化要求的班级文化，开展符合校园文化特色的班级文化活动，建立符合校园文化理念的班级管理制度，才能充分彰显班级文化个性和校园文化特点，打破“鱼和熊掌不可兼得”的思维定式，实现“鱼和熊掌兼而得之”的新突破。

只有彻底厘清班级文化和学校文化的关系，才能使班级文化建设方向不走偏、内容不出格，才能实现班级文化与学校文化的有机结合、互相映衬，才能使班级文化与校园文化共同发展、和谐发展。

7. 找准死结绳自解[①]

近些年来，新闻媒体报道的每一起校园安全事件，都给受害家庭带来永远的伤痛，给社会带来无尽的反思。如果说校园安全问题犹如系在素质教育身上的绳索，那么只有当我们找到绳上的死结时，才能彻底摆脱这条绳子的束缚。

死结之一是认识误区。素质教育是以提高民族素质为宗旨的教育，是依据《中华人民共和国教育法》规定的国家教育方针，着眼于受教育者及社会长远发展的要求，以面向全体学生，全面提高学生的基本素质为根本宗旨，以注重培养受教育者的态度、能力，促进他们在德、智、体、美、劳等方面生动、活泼、主动的发展为基本特征的教育。素质教育中的素质，包括人的道德素质、智力素质、身体素质、审美素质、劳动技能素质等。其中身体素质中的第一位就是生命安全，由此可见，素质教育包含校园安全，校园安全是素质教育的重要组成部分。两者互相关联，密不可分，绝不可把两者对立起来。推进素质教育，必须首先加强校园安全，保障学生生命安全，提高学生身体素质。同时，只有加强校园安全，才能保障学生生命，提高学生素质，促进学生素质全面发展。

死结之二是安全教育缺失。生命不保，何谈教育？我们不禁扪心自问：在推进素质教育的进程中，各级各类学校是否把校园安全教育摆在“高于一切、重于一切”的位置？安全课是否纳入了课表？安全课教材是否征订到位？安全课教学是否落实？安全主题教育活动、安全应急预案演练是否定期举行？学校是校园安全的责任主体，其核心就是要抓好抓实安全教育，增强安全意识，让每一名学生都了解校园安全的主要内容，掌握应对安全事件的基本策略，具备处置安全事件的初步能力。通过安全教育，让学生绷紧安全之弦，时时牢记安全，事事牢记安全，人人牢记安全。

死结之三是预案不实。在学校实施素质教育的过程中，无论开展什么活

---

① 本文曾在《湖北教育》上发表。

动，我们都会制订安全应急预案。然而，近些年发生的一系列校园安全事件证明：不是学校没有预案，而是预案不实，没有发挥预期效应。其主要表现为：安全预案只停留在纸上，没有经过演练落实，如同一纸空文；安全预案照搬照抄，盲目借鉴，脱离本地本校实际没有可操作性；安全预案设计不周全，不细致，只考虑了主要安全事项，忽略了细节，顾此失彼，因小失大。要确保实施素质教育的各类活动时不发生安全事故，关键是要制订科学的安全应急预案并予以落实。

只有走出校园安全认识上的误区，切实加强校园安全教育，制订科学的应急预案，学生的安全素质才能不断提升，素质教育的征途才会一路平坦！

8. 用心做事解难题

为确保学生安全，禁止家长进入校园接送学生是最基本的要求。学校建成开学以来，由于种种原因，家长进入校园接送学生问题一直没有得到有效解决，也存在较大的安全隐患。后来，通过多部门联合发力，人车分流，严格考评，及时通报，困扰学校很久的老大难迎刃而解。

这一事例告诉我们一个十分朴实的道理：只要我们用心做事，办法总比问题多！

用心做事，必须善于发现问题。善于发现问题，首先要有强烈的问题意识，能够用辩证的观点看待事物的发展，在总结成绩的同时始终不忘查找问题。善于发现问题，其次要树立正确的问题观，敢于正视问题，把发现问题作为一种高尚的品德和良好的习惯，以问题为导向，把问题当课题。善于发现问题，还要选准发现问题的参照物，建立问题的坐标系，把岗位职责与个人专业成长当作查找问题的 X 轴，把身边优秀同行当作查找问题的 Y 轴，把学校发展目标作为查找问题的 Z 轴，切实把问题找准。

用心做事，必须善于研究问题。善于研究问题，就是要善于把握问题的核心与本质，抓住主要问题和问题的主要方面。善于研究问题，就是要善于从问题的表象看到问题的本质，从问题的个别性看到问题的普遍性，从问题的萌芽看到问题的未来发展趋势。善于研究问题，就是要善于站在全局高度去研究问题，“一览众山小”，把每一个问题想深想透；善于研究问题，就是善于抓住热点、难点、重点问题去研究，牵住“牛鼻子”，学会“弹钢琴”；善于研究问题，就是结合工作实际研究问题，努力做到有的放矢，落地生根；善于研究问题，就是要坚持与时俱进研究问题，不断解放思想，改革创新。善于研究问题，归根到底就是给问题号脉、问诊、开药方，力争做到对症下药。

用心做事，还必须善于解决问题。善于解决问题，一是要积极。要把每一个问题都摆在重要的位置，时刻记在心头，凡是发现且能够解决的问题一定要当场解决，不放过任何一个问题；凡是当天能够解决的问题，绝不拖到第二天，做到问题不过夜。二是要主动。对于工作中发现的问题，凡是自己能够解决的问题，不论归属何人一定要迅速解决，凡是自己发现且属于自己份内的工作，绝不能视而不见，更不能拈轻怕重，拖拖拉拉。三是要稳妥。解决问题必须坚持安全稳定第一，有效推动工作，不能顾此失彼，不能“按下葫芦浮起瓢”；解决问题必须坚持阳光操作，做到公开、公平、公正；解决问题必须尽可能满足大多数人的诉求，切实做到少数服从多数。

其实，在学校工作中，各线各处室各班级都有不少困难和问题，有些困难和问题受各种条件的制约，至今没有得到很好的解决。但我相信，只要我们每一位干部、每一位教师都用心去做，总会找到好的办法。

9. 关键在于抓落实

开学工作已告一段落，新学期各项工作已步入正轨。我们该如何开展常态下的工作？我以为，关键在于抓落实！

抓落实，必须明确任务与目标。本学期，我们究竟要落实些什么，即要做哪些事情、达到什么目标。可以从学校工作计划里窥见一斑，涉及全体师生的有读书节、运动会暨足球联赛、艺术节暨游园活动、快乐课堂研讨暨一师一优课活动、教学开放日活动等。每项活动下还包含诸多子活动。要通过开展这些活动，促进教师的专业成长，实现孩子的快乐发展。

抓落实，必须提升水平和能力。看到上述活动，可能有的老师会犯嘀咕：一个学期才多少天啊，这么多活动，怎么忙得过来啊？是啊，一个学期的时间确实不长，活动确实很多，但我们一定要记住，作为一所还处在初创阶段的学校，要在最短时间内缩小与县内、市内乃至省内兄弟学校的差距，实现后发赶超，我们必须比别人付出更多的努力。忙不过来，这充分凸显了我们水平和能力的不足。常言道：谋事在人，干事在能。书到用时方恨少。为了落实好学校各项工作任务，实现各项工作目标，我们必须不断学习，不断提升自己的水平和能力。

抓落实，必须把握方式和方法。方法是武器，也是利器。面对纷繁复杂的工作任务，作为教师，我们必须运用好统筹方法，科学地去处理、去应对、去落实。面对众多的工作任务，要正确处理好内和外的关系，先外后内，做到内外柔和；要正确处理好轻和重的关系，先重后轻，做到轻重兼顾；要正确处理好缓和急的关系，先急后缓，做到缓急协调；要正确处理好远和近的关系，先近后远，做到远近衔接；要正确处理好大和小的关系，先小后大，做到大小通吃；要正确处理好表和里的关系，先表后里，做到表里如一。只有这样，我们才能张弛有度，忙而不乱，事事落实。

抓落实，必须牢记使命与担当。抓落实，需要勇气和担当。畏首畏尾，唯唯诺诺，是不可能抓好落实的。只要是有利于学校发展的事情，我们不仅要抓，而且要主动地去抓，大胆地去抓，持之以恒地去抓，创造性地去抓，才能抓落实。本学期的开学典礼、课程改革、站队放学、就餐管理等的大放异彩，就充分体现了我们的担当精神。当然，在履行使命抓落实的过程中，我们不可能时时顺风顺水，也不可能事事顺心如意，但只要我们的出发点是正确的，只要我们付出了，问心无愧，同样要给予肯定和赞扬。学校有足够的胸怀包容老师们抓落实中的失误与不足。

抓落实，必须强化观念和信念。观念决定思想，思想决定行动，行动需要信念，信念决定成败。抓落实，我们必须要有强烈的“落实”观念和信念，要时时想着“落实”，事事牵挂“落实”，这样工作才会抓落实。如果没有“落实”观念和信念，忽视“落实”，不抓“落实”，再周密的工作计划、再完美的实施方案、再健全的管理制度、再精细的活动安排等，都将束之高阁，如同一纸空文。为此，我们要养成每日梳理反思的习惯：今天的事情都落实没有？落实的效果如何？没有落实的原因是什么？什么时间可以落实？怎样才能落实？当这种习惯养成之后，相信我们的工作会实现质的飞跃！

落实，是一种观念，是一种责任，也是一种意志。落实出竞争力，出生产力，也出创造力。抓好工作落实，才能实现自己、学生和学校的共同发展，快乐超越。老师们，让我们一起静下心来教书，潜下心来育人，切实抓好工作落实，为学校的快速发展贡献力量，为学校的持续发展积淀文化！

10. 金杯银杯不如口碑[①]

在某学校门口看见一道景观：校门口两边的墙壁上挂满了各种荣誉牌匾，煞是壮观。数量之多、年代之久、种类之全，令人咋舌。可许多家长对该校办学水平的评价只是“一般般”。采用不正当手段“捞”荣誉，致使有些荣誉牌匾的水分太多、含金量太低，降低了办学质量，影响了教育形象。

如今究竟该靠什么证明学校的高信誉度、高声誉度呢？俗话说得好，金杯银杯不如老百姓的口碑。答案就看咱们老百姓的口碑！

那么，如何知道老百姓对一所学校的口碑呢？

其一，看家长希望为孩子选择哪些学校。老百姓的口碑会在每年暑期的新生入学前期较为集中地体现。如某区域内多所学校同时报名登记招生，虽然各地都严格按照招生区域划片招生，但还是有相当一部分家长会通过迁移户口、购买房产等各种方式、各种渠道为小孩创造条件。根据新生户籍、住宅、地址的变化数据统计，我们会发现迁入学生变化越大的学校，一定是老百姓心中好的学校，也就是学校信誉度、声誉度高的学校。在老百姓心中，他们是不会过分地看中学校校门口两边的荣誉牌匾的。

其二，看高一学段学校教师欢迎哪些学校毕业生。一所学校的教育教学质量如何？最为有效的评价办法不是看学校当年毕业（结业）考试成绩，而是看学生升入高一级学校后的教师评价和学习状态。凡是教师评价高、学习状态好的学生来源学校，其信誉度、声誉度一定高。据了解，有的地方教育行政主管部门按照此方式对学校教育教学质量进行评价，在听取高一学段教师的评价同时，依据学生考试成绩和学习状态去评价低一学段学校的教育教学质量。具体就是利用初一学生考试成绩和学习状态评价小学教育教学质量，利用高一学生考试成绩和学习状态评价初中学校教育教学质量。此举得到老百姓的认可。

---

① 本文曾在中国教育报刊社蒲公英评论网上发表，原标题为《金杯银杯不如老百姓的口碑》。

其三，看在校学生家长对学校、校长、教师和学生的评价。一所学校好不好，作为家长是最有发言权的。他们每天与学校打交道，每天与孩子的老师打交道，同时还可以通过各种方式了解孩子学校的各种信息。多种渠道、多重信息聚集后，这所学校在家长心中的分量如何，家长自然心知肚明。如果通过委托第三方民调统计机构，深入社区对家长、学生等进行抽样，着重对各学校办学满意程度、校长管理规范程度、教师教学负责程度、学生发展全面程度等维度进行统计测评，其结果一定会真实地反映各学校的信誉度和声誉度。凡是抽样统计得分高的学校，一定是信誉度高、声誉度高的学校。

当然，我们在依靠老百姓的口碑看一所学校的信誉度、声誉度是否高的同时，并不是否定或不相信上级部门授予学校各类牌匾的真实性和有效性。凡是老百姓口碑好的学校，一定也是牌匾相对较多的学校，但牌匾多的学校却不一定就是最好的学校。

11. 集团化办学要把握“三性”[①]

2021年《人民教育》第18期刊登了深圳高级中学邵爱国校长的《用“新发展理念”构建集团化办学新格局》一文，为通过集团化办学促进优质教育发展提供了范本。阅读之余，笔者认为，集团化办学的管理者要具备辩证和创新的发展思维，要把握好“三性”。

把握统一性。统一性是集团化办学的基础和前提，也是集团化办学的生命。集团化办学需做到“三个统一”：一是办学理念统一。集团化办学的优势在于，在核心机构或品牌学校的牵头组织下，依据共同的办学理念和章程组建学校共同体，快速实现集团优质资源的推广与覆盖，缩短集团核心校区外其他校区优质发展的路径。二是管理制度统一。学校管理制度是学校文化的主要载体，一套好的制度可以极大程度地激发学校内部活力，加快学校跨越式发展。三是教师培训统一。师资是最重要的教育资源。实施集团化办学，要将教师培训纳入集团化管理，包括理念培训、学段学科教材解读培训等。除了集中培训，教师跨校区交流与跟岗培训等更是集团化办学独特的优势。

尊重差异性。由于地域、环境、办学条件、师资队伍及生源的不同，各校区的差异是客观存在的，集团化办学要尊重这一差异。一是发展目标的确立要尊重差异，根据不同校区的情况，确定符合各自校区实际的发展目标。二是优质化路径的实施要尊重差异。“橘生淮南则为橘，橘生淮北则为枳。”在不同的环境下，同样的方式方法可能带来不同的结果。因此，集团化办学要根据各校区的实际情况来制定发展策略。

体现独特性。集团化办学面临的最大困境是，如何在坚持统一性的基础上实现独特性。这需要集团学校总校长秉持开放、开明的心态，抓大放小，多元发展。在关键环节统一的前提下，鼓励不同校区的负责人从细节入手，挖掘各自的特色、亮点，体现独特性，避免千人一面、千校一品等。

---

① 本文曾在中国教育报刊社蒲公英评论网上发表，原标题为《集团化办学管理者要有辩证和创新的发展思维》。

12. “进校园”问题不容小觑

近些年来，随着经济社会的不断发展，教育事业也得到了足够重视和快速发展，随之而来的“进校园”项目也逐年增多。据不完全统计，近年来有100多项相关工作进校园。

当我们把关注的目光投向逐项分析“进校园”的重要性、必要性、实效性及其给教育、给学校带来的不良后果时，我们是否需要静下心来反思：为什么“进校园”项目会越来越多？其背后究竟折射出我们的社会存在哪些问题？笔者以为，“进校园”背后至少折射出的问题不容小觑。

其一，工作项目的顶层设计头绪繁多。在超过100项的“进校园”项目中，我们如果认真审视每个项目，会发现“进校园”项目的内容涵盖社会的方方面面，似乎“进校园”成了一个筐，什么都可以往里装！无论是学生必需的还是非必需的，无论是小孩必需的还是成人必需的，只要是社会公民所必需的，都要从娃娃抓起，都要“进校园”！而认真考量“进校园”项目是否符合教育规律、是否符合青少年及儿童身心发展特点、是否能够在学校得到贯彻落实并确保取得预期效果。从“进校园”项目的审批层次看，既有全国统一的“进校园”项目，也有省级、市级乃至县级的“进校园”项目，同时还有不是“进校园”的活动。由此可见，“进校园”问题的根本在于我们的顶层设计不科学、不系统、不完善，有的甚至违背了教育规律，脱离了基层实际，扰乱了教育秩序，加重了孩子负担。

其二，职能部门的责任转嫁意图明显。纵观形形色色的“进校园”项目，绝大部分的发起单位或主要实施单位都是非教育主管部门。这些职能部门之所以让相关工作项目“进校园”，一是教育部门受众群体面广人多，容易从数量普及上取得立竿见影的效果；二是让本属于自己的工作“进校园”后，可以充分利用教育部门及基层学校的人力、物力、财力资源，帮助本部门完成上级部门下达的工作任务，实现上级部门制订的工作目标；三是依靠自己的职能优势或强势，要求教育部门及基层学校把本职能部门的工作项目“进校园”，把本部门的责任巧妙地转嫁给了教育部门及基层学校。

其三，教育部门的弱势地位依然如故。教育工作是党和国家的一项十分重要的工作，各级党委政府都把教育事业摆在了重要的位置加以对待，有的地方甚至把教育事业发展高看一等，厚爱一层。但受经济社会发展不平衡不充分因素的制约，大多数地方还是有心无力，教育投入不足、教育发展不够、教育地位不高的现象依然有待改善。100 多项“进校园”工作项目如果没有教育主管部门的批准，是无法想象的、也是不可能“进校园”的，但它们却都纷纷“进校园”了。它们究竟怎样“进校园”的呢？这里不乏披着“关心重视教育”的外衣的，也不乏是披着“关爱青少年儿童”的外衣的，更有甚者是披着“部门之间互相支持”的外衣的。只要是其他部门需要“进校园”的，教育部门不敢也绝不会说“不”，而是会竭力支持、大力配合、衷心感谢。其中的苦衷，或许只有在其位者才知道。由此可见，教育部门的地位是多么的尴尬、弱势！

其四，基层学校的实施策略消极应付。面对繁多的“进校园”项目，学校苦不堪言，教师怨声载道。哪项“进校园”工作督得紧，学校就跟随抓一抓，哪项“进校园”工作需要启动，就按部就班举行一个启动仪式，哪项“进校园”工作需要迎接检查验收，就开始全员动员、全力以赴编造资料，绝不给相关部门拖后腿，最终的结果是学校被动开展“进校园”项目，编造资料落实“进校园”，相关部门揽“功”“进校园”，极少数学校真正落实“进校园”，至于绝大多数学校、绝大多数学生是否有收获、有进步，则是学校和学生自己的事情。如此消极应付众多的“进校园”项目，还不如让教育部门及各基层学校择其一二重点打造，力争让“进校园”项目真正“进校园”！

“进校园”项目确实到了需要认真清理整顿的时候了，但上述问题如不能有效解决，“进校园”清理整顿工作必将会障碍重重！

13. 开学检查要不断创新[①]

又是一期开学季。为了全面掌握新学期开学工作情况，保证新学期教学工作的顺利进行，各地教育主管部门纷纷发布通知，要对辖区内所属各级各类学校（包括幼儿园）的开学情况进行检查，督导开学工作有序有效。

纵观以往的开学检查通知，大多千篇一律，从检查内容上可以归纳为“五查”：一查教师到岗及学生返校情况；二查校园环境整治及安全隐患排查情况；三查教师暑期培训情况；四查课程计划制订、备课及开学准备情况；五查开学上路情况，包括第一次升旗仪式、第一节课、第一次作业、第一次辅导、第一次教研活动等一系列开学事项的完成情况。

从检查环节看，一般先由各学校对照开学检查量化评分表自评打分，然后由教育主管部门各科室、直属各单位抽调干部教师组成检查组，深入各对口联系学校进行现场检查，最后由检查组将检查情况带回，通过会议或书面材料形式向主管部门报告检查情况，主管部门综合后再将检查情况在一定范围内进行通报。

从检查形式看，主要采取听（开学工作）汇报、查（开学工作）资料、看现场（校容校貌）、师生访谈等途径了解学校的开学情况。

上述开学检查的做法，在过去相当长的一段时间内有效地促进了各学校开学工作的顺利上路，但在新时代教育改革与创新的背景下，过去的开学检查还存在一些问题。为适应新时代的开学工作新要求，我以为，开学检查亟待不断创新。

从检查内容上看，既要有规定项目，如基本的“五查”，还要有自选项目、特色项目或创新项目。把规定项目与自选项目、特色项目或创新项目按一定的权重进行分配，以积极引导基层各学校大胆创新，充分调动开学工作的积极性、主动性和创造性，努力形成百花齐放的开学工作新局面。

从检查环节上看，可以增加反馈与交流环节。检查组检查各学校后，就

---

① 本文曾在中国教育报刊社“中国教育之声”微信公众号上发布。

检查情况碰头汇总，并召开一定范围内的开学工作检查反馈交流会，既要充分肯定学校开学工作的成绩，又要直陈存在的问题，共同商讨，制订下一步的整改计划。

从检查主体上看，可以尝试邀请社会第三方评价机构、人大代表政协委员或者家长代表参与辖区学校的开学检查，充分发挥第三方的监督作用，更好地督促学校不断做好开学工作、提高教育质量、努力办好让人民满意的教育。

检查是为了促进工作改进。开学检查的不断创新，有利于促进开学工作乃至教育教学的不断创新。对此，各级教育部门和学校既要高度重视，更要积极探索。

14. 自律品格成就健全人格

“自律”最早出自《左传·哀公十六年》：“呜呼哀哉！尼父，无自律。”其意为遵守法纪、自我约束。

小学生的“自律”品格指小学生自我认识、自我评价、自我约束、自我管理、自我激励等。“不能为而为之”“需要为而不为之”即需自律。

“自律”外在表现为自爱、自省、自制，从发展阶段可分为自律意识、自律能力和自律习惯三个层次。意识是基础，能力是关键，习惯是目标。

一、自律品格培养研究的时代意义

新时代对小学生自律品格培养提出了新要求。《中国学生发展核心素养》提出“有自制力，能调节和管理自己的情绪等”“能正确认识与评估自我；合理分配和使用时间与精力；具有达成目标的持续行动力等”“自尊自律”……《中小学德育工作指南》德育目标明确提出：小学中高年级要“形成诚实守信、友爱宽容、自尊自律、乐观向上等良好品质”。

新时代小学生自律品格培养暴露出了新问题。随着我国进入社会主义新时代，社会更加开放、透明、公平，人民群众的自主、维权等意识显著提升，受此影响，小学生“以自我为中心”的现象更加突出、更加普遍；在享受父母创造的美好生活同时，小学生勤俭节约、热爱劳动、刻苦学习等方面的自律性却没有得到同步提升；学校“自律”教育存在重规则轻评价、重说教轻实践、重课堂轻课外等现象，导致自律教育的时代性、科学性、实效性不够。

新时代小学生自律品格培养需要新举措。我校是由惠州市大亚湾经济技术开发区管委会、华中师范大学、龙光城地产公司三方合办的一所新学校。为努力把学校早日办成一所集示范性、引领性、辐射性于一体的现代化小学，学校提出了“过一种生长性灵的学校生活”的办学理念，并着力打造“自觉”的校风，倡导自觉行为，追求自律价值，让优秀成为一种自觉习惯。

二、自律品格培养研究的现实价值

促进自主发展，形成健全人格。通过培养学生的自律品格，促进小学生自我认知、自我评价、自主学习、自主生活、自我约束、自我管理等，促进自主发展，形成健全人格。

培育优良校风，提升办学品质。通过培养学生的自律品格，可以培育“自觉”的校风，让师生过一种生长性灵的校园生活，提升学校办学品质。

探索实践路径，凝练成功经验。通过培养学生的自律品格，探索自律品格培养的目标、内容、原则和策略等，努力形成有推广价值、可复制的典型经验，带动区域办学水平的提升。

提高育人实效，构建和谐社会。通过培养学生的自律品格，整体提高小学育人的实效性，为高一级学校输送合格的毕业生，为社会培养合格的小公民，同时提升学生家长的自律品格，为构建和谐社会贡献力量。

三、自律品格培养研究的主要目标及内容

1. 主要目标

(1) 构建新时代小学生自律品格培养的目标、内容、原则和策略等基本框架体系。

(2) 引导小学生基本理解自律的主要表现、阶段目标、重要意义等，和非实验班相对比，实验班小学生的自律品格有较为明显的进步和提升。

(3) 促进教师、家长和小学生同步成长，养成良好的自律品格。同时，提升课题教师利用大数据进行课题研究分析的能力。

2. 研究内容

(1) 小学生自律品格培养目标的研究。根据小学生的生理、心理特点和循序渐进的教育规律，着重开展小学低段（一、二年级）学生自律意识的培养研究、小学中段（三、四年级）学生自律能力的培养研究、小学高段（五、六年级）学生自律习惯的培养研究。

自律意识：是小学生自律品格形成的基础，是自律品格培养的初始状态。具有自律意识的小学生对自我有一定的了解和认识，知道自己在不同的场合可以做什么、不可以做什么、需要做什么，头脑中建立初步的规则意识。

自律能力：是小学生自律品格形成的关键，是自律品格培养的重要保证。自律能力是一种自我控制、自我约束的能力，是自律意识的知行转化。具备自律能力的小学生可以把某一件不能为之的事不为、需要为之的事持续为之。

自律习惯：是小学生自律品格形成的目标，是自律品格培养的落脚点和

归宿。自律习惯是自律能力的普遍性、常态化表现，具有自律习惯的小学生能够把更多不能为之的事不为、把更多能为之的事持续为之，播种习惯从而形成品格。

（2）小学生自律品格培养内容的研究。具体包括如何引导学生自爱、如何引导学生自省、如何引导学生自控等研究。

自爱——指自己爱护自己，包括爱护自己的身体，珍惜自己的名誉。只有自爱才会自律。通过引导小学生正确的爱护自我、尊重自我，为自律品格培养奠定思想基础。

自省——指自我评价、自我反省、自我批评、自我调控和自我教育，是孔子提出的一种自我道德修养的方法。吾日三省吾身，自省知不足，知不足进而自律。

自控——指自我控制，指一个人对自身的情绪、欲望及外界诱惑的控制，自控定能自律。

（3）小学生自律品格培养原则的研究。

分层培养原则——针对小学生低、中、高段年龄特点和相关要求，确定不同培养层次的目标。

学生主体原则——在培养小学生自律品格中始终坚持从学生的实际出发，充分尊重主体地位，发挥主体作用，把能为之事放手让学生为之。

由点及面原则——在对小学生自律品格培养中，因人而异选好切入点，重点开展跟踪研究。在自律“点”成为习惯后再扩展到其他面开展研究，形成由点及面、以点促面培养新局面。

正强化原则——在自律品格培养中，始终坚持正面引导，正面激励，从而形成正面模仿、正面攀比、正面追赶效应，加快学生自律品格的形成。

（4）小学生自律品格培养策略的研究。

榜样激励策略——充分发掘小学语文教材、小学生喜爱的绘本、动画片、公益告片、电影、电视剧等中的自律榜样，开发“好习惯伴我成长”校本课程，通过讨论交流、故事分享、撰写心得等方式引导激励学生努力做一个自律的人。

规则他律策略——引导学生自主制定班级规则、参与制定学校规则，包括各项活动的规则，增强学生的规则意识。同时充分发动学生依靠学生组成少先队大队委员会、小龙人志愿者、红领巾监督岗等各类校内自治管理机构，监督各项规则的执行与落实，促进学生自律品格的培养。

实践体验策略——在培养自律品格时，定期组织学生开展丰富多彩的实践体验性活动，让学生在实践体验中培养自律意识、提高自律能力、养成自律习惯，形成自律品格。

目标引领策略——坚持把学生最为突出、最为普遍、最为重要的自律内容作为重点进行跟踪培养和研究，通过分阶段设定自律目标，引导学生分阶段达标，调动学生的积极性，使学生体验到成功的快乐，保持学生、家长和老师的研究信心和持续动力。

自省内化策略——开设自省微课程，组织学生采取各种方式定时开展自省，围绕自律目标，开展自省自悟，知内化为行，促进自纠自律。

家校合作策略——充分发动家长，紧紧依靠家长，通过家长会、家长问卷调查、学生的自律记载单、家校微信群、QQ 群形成家校共研、共育新机制，促进学生自律品格形成，同时提升家长自律品格。

开展学生自律品格培养研究，将重点解决的问题是小学生自律品格培养的策略问题，难点是小学生抵御外部诱惑力的意志不坚定、不能长时间坚持进而难以形成自律习惯的问题。其主要特色是实践研究具有极强的现实针对性，直面突出问题，敢于攻克教育的痛点、难点，在研究目标的分层设定、内容的具体化分解、策略的顶层设计上均有创新。

15. 深度教学　学科育人

——读《探索学科育人之路——惠州大亚湾深度教学改革实践》有感

近日，有幸拜读了由海峡出版发行集团福建教育出版社出版、郭永华主编的《探索学科育人之路——惠州大亚湾深度教学改革实践》一书。作为大亚湾教育战线的普通一员，作为深度教学改革第二轮的亲历者，为大亚湾区在深度教学改革方面迈出的坚定步伐、走过的艰辛历程、取得的卓越成效、彰显的坚强意志而倍感骄傲，更为大亚湾区深度教学改革实践取得的新发展、探索学科育人开辟的新路径而深受鼓舞！

改革创新是一个民族持续发展的不竭动力。课堂教学怎么改？改革的目标指向哪里？这是我们每一位一线教育工作者和广大教师不可忽视的重大问题，也是我们每一位一线教育工作者和广大教师必须面对的根本问题。在华中师范大学二级教授郭元祥深度教学研究团队的指导下，大亚湾区自 2014 年 9 月便开启了第一轮深度教学改革，其目标直指学科育人。经过 5 年的改革实践，第一轮改革取得了显著的成效，基础教育教学质量实现跨越式进步，从 2014 年全市末位跃升至 2020 年全市前列。而我认为最为突出的成效莫过于“大亚湾区广大教师的激情被点燃了，轰轰烈烈的教学改革拉开了序幕”。

德国哲学家雅思贝尔斯曾说：“教育的本质意味着，一棵树摇动另一棵树，一朵云推动另一朵云，一个灵魂唤醒另一个灵魂。”对学生而言，教育是激励、点燃、唤醒；对教师而言，教育同样是激励、点燃、唤醒！当学生的激情被点燃，学生学习内生动力是不可估量的！同样的道理，当教师的教育激情被点燃，教师迸发出的教学改革动力也是不可估量！从这本著作中我深深地感受到点燃后的力量——大众深度教学，万众学科育人！

这本著作 5 章 18 节，共收录了 82 篇大亚湾区一线教师及教育管理者的改革实践成果，著作总字数多达 34.2 万字。由于篇幅限制，还有很多高质量的研究成果未能一一编入此著作。但对于一个启动之初全区中小学不足

30 所，在校教师仅 1000 余名这一基数而言，全区参与深度教学改革并取得研究成果的学校达到 25 所，占比超过 80%，取得研究成果的学科有 14 个，其中小学有语文、数学、英语、科学等学科，中学有语文、数学、英语、物理、化学、生物、政治、历史、地理及信息技术等学科，取得研究成果的教师达到 82 位，占全区初中小学教师的近 10%。在研读著作中发现，参与研究的不仅有公办学校，也有金澳这样的民办学校参与研究；从参与研究的教师职称看，高级职称教师 16 人，占比不足 20%，中级职称教师 29 人，占比达 30%，更多的是初级职称教师（超过 40%）。

这组数据是惊人的。按照金字塔理论“尖顶有多高，塔底就有多长”推断，深度教学改革实践在大亚湾区参与面之广、参与度之深令人赞叹。“大众深度教学，万众学科育人”之势在区域深度教学领域名不虚传，“全面实施深度教学，扎实推进学科育人”改革的星星之火在大亚湾这片热土上逐渐燎原！

2021 年是笔者来到大亚湾工作的第三个年头了。刚来之初，正逢大亚湾区第二轮深度教学改革的启动。作为启动仪式的参与者，我首次深入学习了解了深度教学的基本理念，其中给我印象最深的是“发展性教学价值观”，强调教学必须提升课堂的教育涵养，实现育人功能，发展学生的学科素养，特别是学科思想和思维、学科关键能力的表现的发展。这本著作中的“发展学科素养”“学科思想与方法”“教学理念与教学思维”“教与学的方式变革”“技术与教学的深度融合”五个章节无一不体现了深度教学的教学价值观。这既是深度教学理念在大亚湾区的实践探索，也是大亚湾区对深度教学理论的丰富发展。

令我印象更深刻的是第二轮深度教学改革实践启动两年来，深度教学改革指导研究活动之频繁（每学期至少 2 次，疫情期间线上指导也不间断）、参与教师之踊跃（每次深度教学指导活动都严格控制人数，但场场爆满）、指导专家之专业（教授副教授、教育学类专业博士研究生、学科特级教师成为每次指导团队的标配）。我深信，在第一轮深度教学改革已经取得如此优秀成果的基础上，第二轮深度教学改革必将更上一层楼，取得更为丰硕的研究成果。

我们对此充满期待！

16. 续写后半篇文章[①]

——《广东省义务教育质量监测报告》的学校答卷

2019 年 5 月，《广东省义务教育质量监测报告》（后简称《报告》）正式发布。这份报告从九大方面对义务教育质量情况进行了分析，在肯定近些年取得的成绩的同时，也指出了教育中存在的短板。《报告》在结尾部分，还给出了“多举措提高全省义务教育质量”的建议。

《报告》的发布，犹如高塔上的一盏明灯，照亮了我们义务教育学校未来前行的方向。为充分做好《报告》“应用”的后半篇文章，学校该如何作为，才能交出一份满意的答卷呢？笔者结合对《报告》理解和工作实际，谈谈几点粗浅的看法。

一、转变教育观念

凡事必先谈观念，因为观念是行动的先导。《报告》指出的问题，无一不是因为思想观念认识不到位所致。因此，《报告》建议，“校长要树立正确的质量观，依法依规办学，落实学生德智体美劳全面发展的教育方针”。

何为正确的质量观？我以为，既要坚持德智体美劳“五育并举”的全面发展，又要坚持以人为本的个性发展，既要重视语数英等文化学科学业成绩的考试，也要重视品行修养、体质健康、审美艺术及劳动技能等非文化学科发展水平的考核。

树立正确的质量观，首先要树立正确的教育观、教学观。因为只有树立正确的教育观，教学观才能形成正确的质量观。正确的教育观是什么？德国哲学家雅思贝尔斯说：“教育就是一棵树摇动另一棵树，一朵云推动另一朵云，一个灵魂召唤另一个灵魂。”而关于正确的教学观，我国著名教育家叶圣陶用他最简洁的语言告诉我们，“教是为了不教”。

转变教育观念，除了转变学校校长、教师的教育观、教学观、质量观外，

① 本文曾部分内容在中国教育报刊社蒲公英评论网上发表，原标题为《提高教学质量需要学校落实“教学中心”》。

还要转变家长的教育观。这需要我们学校充分利用家长学校、家长会等家校联系平台来引导家长，既要关注孩子的文化科目学习，又要关注孩子的兴趣特长的培养；既要关注孩子的品行修养，又要关注孩子的身心健康；既要关注孩子的校内学习，更要关注孩子的校外拓展，减轻课外学习负担，开展亲子共读，培养良好阅读习惯。

二、落实教学中心

教学工作是学校的中心工作，教育质量是学校发展的生命线。提高教育质量，学校必须始终坚持“以教学为中心”。然而，近些年来，受各种名目繁多的检查、评比的影响，学校“教学中心”的地位受到削弱，更有不少学校“以迎检为中心”。“以教学中心”只停留在工作总结中，没有得到有效落实。要牵住提高教育质量的“牛鼻子”，我们必须毫不动摇地回归“教学中心”本位，牢牢抓在手上，落实在实际工作中。

第一，要在工作部署上落实。在学校年度或学期计划、月度或每周要点中，学校要始终把教学工作摆在重要位置进行研究和部署。在一段时期内，教学工作抓什么、如何抓、抓出什么效果，要有可量化的评价指标。对教学工作，要做到每年（期）有主题，每月（周）有重点、有部署、有考评。

第二，要在课程改革上落实。课程改革的最终目标是提高教育质量，提升学生核心素养。因此，落实“教学中心”，必须以课程改革为契机，既要严格按照国家规定开齐课程、开足课时，又要高标准开好国家课程、地方课程和校本课程等三级课程。针对《报告》指出的问题，要对标《广东省义务教育课程（实验）计划表》，严格按要求按标准开齐音体美及科学、综合实践等课程，同时加强课程开设的过程监管，确保课程开足开好。此外，要以学生为中心，切实转变教师角色，转变教学方式，着力提升学生的核心素养。

第三，要在资源配置上落实。首先是在教师资源的配置上，要根据学校、班级、课程开设的实际需要合理安排教师，确保课程正常开设，确保教师人尽其才，确保教学常规得到落实，确保既定教学目标达标。其次是根据教学实际需要建好管好图书阅览室、科学实验室、艺术专用教室、体育场馆及设施，满足正常教学需要，服务教学中心。再次是要加强教师教育教学技能的培训，让每一位教师能用、会用、善用各类教学设施，让每一类教学设施都发挥应有的作用，体现应有的价值，最大限度地为提升学生探究能力、创新意识、人文底蕴、艺术素养、身心健康等服务。

三、提升教师素养

教师是教育的第一资源。提高教育质量，必须首先提高教师队伍质量，提升教师素养。反之，只有提升了教师素养，才能提升学生的素养，也才能提高教育质量。在提升教师素养方面，不少学校一直在努力探索，也取得了一定的成效。而我们的实践路径如下。

阅读浸润人生。北京大学中文系资深教授钱理群说："什么是教育？就是爱读书的校长和爱读书的老师，带领着学生一起读书。就这么简单。"苏霍姆林斯基指出："读书，读书，再读书——教师的教育素养的这个方面正取决于此。"由此可见，引导、组织教师阅读，不仅非常重要，而且十分必要。为提升教师的理论功底和个人修养，确保教师读书有序开展并持续推进，学校应成立教师读书会，组建教师读书共同体，制订教师读书计划，围绕学校研究课题推荐读书目录，列支专项经费订购教师阅读书籍，定期以学校或教研组为单位开展"同读一本书"阅读竞赛和主题分享活动，所有对教师的奖励均以购书卡形式发放，营造教师读书氛围。

研讨共同提升。教师的专业成长，既要重教，更要重研，以教促研，以研促教，研随教生，教伴研升。学校要以学科为单位，每周组织开展教研沙龙研讨活动，通过备课、上课、说课、评课四个环节，充分发挥团队作用，有效地促进教师的专业成长。备课环节可以实行上课教师独备、年级教研组集体备、上课教师再备三轮备课，教师说课则可以在教师上完研讨课后向全体听课教师介绍自己本次课的教学目标、教学设计、目标达成、主要得失等内容，最后也是最关键的环节是教师评课，要求全体成员人人参与听课，人人进行评课，既要肯定主要成绩，更要指出存在的问题，还必须提出如何改进的建议和策略。

反思促进发展。孔子曰：学而不思则罔。美国著名学者波斯纳曾说过："教师成长＝经验＋反思。"在日常管理中，学校要注重引导干部教师进行工作反思和教学反思。通过反思，找到工作中的问题与不足，并不断采取措施优化学校内部管理，促进学校发展。而广大教师则可以通过教学反思，找到各自教学中的不足，明确今后努力的方向。为此，学校可以要求，教师原则上"每课一思"，即每上完一节课后都要求在备课本后写下自己的教学反思

（不限字数），记录下主要的得与失、经验与教训等；每月至少上交1篇不少于1000字的教学反思、教育叙事、教学叙事等，以写促思；每学期组织开展教学反思分享会，评选表彰优秀教学反思，择优刊发在教研刊物上并向上向外积极推荐参评或发表。为促使教师养成反思的良好习惯，真正通过反思促进自我发展，学校还可以把教学反思作为教学常规检查的重点事项进行检查通报、考核评价，并与绩效奖励挂钩。

广东省教育厅主任督学李璧亮在《报告》发布后撰文指出，“把脉”义务教育质量，做好“应用”后半篇文章。我们在行动！

17. 区域小学教育质量评价改革的思考

一花独放不是春，百花齐放春满园。推进义务教育高质量发展，最终目标是让区域内每一所学校都能做到优质均衡发展。而实现这一目标，关键是要抓住评价改革这个“牛鼻子”，以评价改革引领区域教育发展。根据《中共中央 国务院关于深化教育教学改革全面提高义务教育质量的意见》，为促进区域内小学教育质量优质均衡，结合工作实际，我以为，可以从以下方面进行评价改革。

一、明确评价改革的指导思想

根据加强的党的全面领导的总原则，区域小学教育质量评价改革必须在教育行政主管部门党组织的领导下进行，必须以习近平新时代中国特色社会主义思想为指导，必须坚持全面贯彻党的教育方针，必须落实立德树人根本任务，必须遵循教育规律，发展素质教育，必须培养德智体美劳全面发展的社会主义建设者和接班人。

二、制定适当的评价改革目标

开展评价改革，必须坚持目标引领，首先需要确立评价改革的目标。为此，开展评价改革，必须制定科学的评价改革目标。结合实际，可以首先拟定以下“三个目标”。

1. 树立正确的质量观。引导学校、师生及广大家长了解区域小学教育质量评价标准及方式，树立正确的教育质量观。

2. 提供质量诊断依据。通过量化考评分数或等级，客观认识区域内各小学教育质量现状，明确制约学校教育质量的主要因素及努力方向。

3. 促进优质均衡发展。充分发挥评价标准和评价结果导向作用，促进本区域各学校教育质量的不断提升。

三、确立评价改革的基本原则

1. 科学性评价原则。科学性评价侧重评价内容方面，包括学校管理水平和学生发展质量。学校管理水平评价突出考查学校办学行为、队伍建设、社会满意度等。学生发展质量评价突出考查坚持全面培养、提高学生综合素质，包括学生品德发展、学业发展、身心健康、兴趣特长和劳动实践等。

2. 过程评价与目标评价相结合原则。教育质量评价既关注教育过程，也关注教育目标。过程评价侧重学校日常管理，目标评价侧重学生发展达成。

3. 自我评价与他人评价相结合原则。教育质量评价采取学校自我评价的方式进行初评，邀请或聘请第三方教育评价机构或社会专业人士进行复评。

4. 定量评价与定性评价相结合原则。定量评价采取百分制，学校教育质量评价总分值为 100 分，其中学校管理（过程）40 分，学生发展（目标）60 分。另外发展性评价奖励赋分 10 分。定性评价按照优、良、中、差四个等次分别对应“大于等于 90 分”“小于 90 分大于等于 75 分”“小于 75 分大于等于 60 分”“小于 60 分”。最终结果以等级定性方式呈现或公布。

5. 发展性评价与常态性评价相结合原则。在学校教育质量评价中，既遵循原则注重常态性评价，又因校而异区别对待，对教育质量纵向对比的进步和发展分等赋分予以激励，并纳入总评计分统计，最高赋分为 10 分。

四、建立完善的评价指标体系

小学教育质量评价指标体系结合教育部《义务教育质量评价指南》中“学校办学质量评价”和“学生质量发展评价”两个评价标准，可以设置 A 级评价指标 10 项，包括办学方向、课程教学、教师发展、学校管理、品德发展、学业发展、身心发展、审美素养、劳动与社会实践和发展性评价。

五、制定全面系统的评价方法

为确保小学教育质量评价各项指标体系的数据或等级真实准确，确保评价方法的科学有序，同时坚决杜绝虚假资料迎评等加重干部教师非教学负担的形式主义，教育质量评价主要采取以下方法。

1. 查阅资料。资料查阅均不需要另行准备，由评价组根据评价标准随机抽查自评报告、学校档案（含包括文本、照片、视频、证书等）资料、教案、作业、学习笔记等内容。

2. 问卷调查。问卷调查分为学生卷、教师卷、家长（社会）卷，问卷具体内容由评价组评价前对照标准拟定。问卷主要采取选择题的方式命题。问卷对象按 5%—10%的比例抽取。

3. 现场查看。评价组分别组织专班对学生、教师行为表现和走廊、橱窗、教室、办公室、功能室等现场进行实地查看（听课或观察），进而对学校教育质量评价相关项目进行定性或定量评价。

4. 随机抽测。对学生发展质量相关内容采取随机抽测方式进行评价，抽测内容按照课程标准或者具体评价细则由评价组评价前拟定，评价对象按2％—10％的比例由评价组依据学生花名册进班公开抽取，严谨冒名顶替等弄虚作假现象发生，违者该项目计0分。

六、充分发挥评价结果的作用

1. 形成《学校教育质量评价报告》。评价结束后的一周内，评价组要出具《学校教育质量评价报告》，并向评价学校进行公开反馈。待条件成熟，再面向社会公开。

2. 制定整改方案并进行逐项整改。对评价组出具的《学校教育质量评价报告》指出的问题或建议，学校要认真研究，有针对性地制定整改方案并加以落实，充分发挥评价作用。

3. 集中公布教育质量评价优良学校。为鼓励先进，区域教育行政主管部门每年可选择适当时机在适当平台适当范围内集中公布教育质量评价优秀、良好学校名单，授予荣誉称号，并给予适当物质或精神奖励。

4. 形成《区域小学教育质量评价报告》。根据区域内各小学的《学校教育质量评价报告》，综合归纳形成《区域小学教育质量评价报告》，肯定成绩，找准问题，明确方向，指导工作。

18. 因时因势思改变[①]

时代在改变，社会在变，教育在变，学校在变，校长和教师需要随之而改变。

what

什么是改变?

改变是事物产生相对差别；改变是改换，更动；改变还是对现状的不满，在当下通过学习做出调整和变化，在未来实现想要的结果。

有人说，做你没做过的事叫成长，做你不愿做的事叫改变，做你不敢做的事叫突破，做你做不到的事叫挑战。而我认为，无论是做不愿做的事，还是做没做过的、不敢做的和做不到的事，只要做了，其实都是一种改变，而且都是一种行动的改变。

想的不一样是思想的改变，做的不一样是行动的改变，活的不一样就是整个生活的改变。作为一位校长，我们不仅需要思想的改变、行动的改变，更需要整个教育生活的改变。

从宏观层面看，完善办学理念是改变，修订发展规划是改变，打造校园文化是改变，深化课程改革也是改变。

从中观层面看，提升育人水平是改变，提高课堂教学效率是改变，增强学生身心健康是改变，提高学生艺术素养是改变，培养学生实践能力和创新精神也是改变。

从微观层面看，加强学生日常行为规范的教育引导是改变，加强教师教学教研的日常督导是改变，加强校园资产财产的严格管理是改变，加强领导班子履职能力的建设也是改变。

改变在每人每事，改变在每时每刻，改变在一点一滴，改变在思想上行动中……

---

① 本文曾在“校长传媒”微信公众号上发布，原标题为《改变》。

why

为什么改变？只知其然是远远不够的，还需要知其所以然。

因为初心依在。我们是光荣的人民教师，我们是令人羡慕的教育工作者，我们是受党教育、替党分忧、为党服务的中小学校长，当不少人走着走着逐渐忘记自己初心的时候，我们依然要铭记教育的初心——立德树人。为了更好地为党、为国、为民族、为社会培养社会主义新时代合格的建设者和接班人，我们必须不断地学习提升、不断地丰富自我、不断地改变自己，以更好地满足人民群众对美好生活的向往和对公平而有质量的教育的追求！

因为原点召唤。在社会日趋多元化的今天，教育究竟是什么？它来自哪里？又将到达何处？这些是每一位教育工作者每时每刻必须思考的问题。不弄清楚这个问题，就意味着不理解教育的原点是何物在何处。教育的原点是什么？我以为是育人，教育的使命就是为谁培养人、怎样培养人和培养什么样的人。因此，我们必须不断改变教育教学方式和方法，把握育人的方向性（为谁培养人）、提高育人的科学性（怎样培养人）和确保育人的全面性（培养什么样的人）。

因为后发赶超。我们处在一个竞争的时代，人与人之间、校与校之间、区域与区域之间都存在激烈的竞争。竞争如逆水行舟，不进则退。何况，作为一所办学才六年有余的学校，我们与区域外优质学校的差距是明显的。为了尽快缩小差距，力争早日将我校建设成惠州市乃至广东省区域内示范型、引领型学校，我们必须以等不起、慢不得、坐不住的紧迫感，以思想改变带动行为改变促进后发赶超！

因为目标驱动。“办一所美好的学校”“让师生过美好的校园生活”，这是我们学校新时期的新目标。如何保障这一目标的实现呢？作为学校的一员，我们要主动出击、积极作为，改变等、靠、要的被动接受思想，严格按照工作分工，履职尽责，把学校总体目标分学期分解细化落实到分管工作中，积小成大，积少成多，为实现学校总体目标贡献自己全部的智慧和力量！

因为内心觉醒。在湖南第一师范学院举行的大亚湾区校长培训班中，长沙市麓谷小学 80 后校长左鹏令我印象深刻，让我内心觉醒。和我同样起点的中师毕业生，如今已经是在读博士研究生，从最偏远最薄弱的农村中学到县城小学再到省城小学，从一名普通教师成长为校长再到如今的全国中小学校长国培专家，他的成功秘诀是什么？用他自己的话来说，就是读书、教书、办学！而我则认为，他的成功秘诀在于他如饥似渴地读书、以身示范地教学、因校制宜地改革，因此才成就了今天的他。我以为，人与人的差距不是一天形成的，超越他虽然不大可能，但可以缩小差距切实改变自己，认认真真地向他学习，扎扎实实地向他看齐。

“要我改变”还是“我要改变”，虽然只是顺序微调，但效果迥异。只有自己发自内心地想改变、思改变、谋改变、去改变，才能真改变！

who

改变谁？

首先是改变自我。世界上最难认识之事是正确地认识自我，而最难改变之事是改变自我不足。学习培训犹如一面镜子，照出了我们每个人的高低。对照《义务教育学校校长标准》《义务教育学校教师标准》和新时代“四有”好老师要求，我们对自己应该有了更加清醒的认识和更加准确的定位。但面对自身的差距与不足，我们是改变还是不改变、真改变还是假改变、一阵风改变还是持之以恒地改变，将直接决定我们改变的效果。因此，改变自我必须首先改变自我的思想。

其次是影响教师。学校管理不是改变教师，而是影响教师。因此，我们要用立行立改的思想引领教师心随我动，用立行立改的实际行动来影响学校的每一位教师行随我改，用立行立改的作风促进每一位教师的教风学风转变，用立行立改的决策部署推动每一位教师高标准严要求教书育人，用立行立改的领导力、执行力、策划力助推教师专业素养的快速提升。

再次是发展学生。学校教育的最终目标是学生的发展。要发展学生，必须坚持以学生为中心的教育教学理念，切实改变过去那些没有以学生为中心的思路、决策、行为、部署。要把学校所有资源都用在学生的学习上，服务学生的成长；要把所有的机会提供给学生，让学生在选择中成长；要把所有的精力投入学生身上，让学生在呵护中健康成长；要把所有的平台呈现给学生，让他们在展示中成长。

最后是辐射家长。教育不仅是学校的事、教师的事，还是家长的事，而且主要是家长的事。有人曾说，决定孩子一生的不是孩子的学校、孩子的老师，而是孩子的家庭、孩子的父母。家长是孩子的第一任老师，也是孩子的终身老师。因此，改变，家长不能缺位！如何改变家长？需要搭建家校沟通的平台，增强学校的辐射力。要通过家长学校来培训家长，要通过家长会议来引领家长，要通过信息化手段来联系家长，要通过校长教师家访来深入了解家长，在辐射家长的同时助推学校及教师的教育教学，助推孩子的成长。

除此之外，优秀的学校还可以改变学校周边社区的文化、改变学校所在区域的文明程度、改变当地党委政府及相关部门的决策部署！

how

怎样改变？这是出发点和落脚点，也是关键和核心。

从人入手来改变。成事在天，谋事在人。无论是学校的发展还是师生的成长，关键是在人，关键在教师，关键在校长。人不改变，一切都不可能改变。因此，改变学校，必须首先改变人，改变人必须首先改变人的思想，增强自我改变的内驱力。改变人的思想，需要加强交流沟通，动之以情，晓之以理，增强自我改变的主动性；改变人的思想，需要加强学习，认真反思，找准差距，增强自我改变的针对性；改变人的思想，还需要目标明确，思路清晰，措施具体，增强自我改变的可行性。改变人，以思想推动思想，以智慧激发智慧，以行为引领行为。

从顶层设计入手来改变。管理大师彼得·德鲁克曾在《有效的主管》一书中简明扼要地指出："效率是'以正确的方式做事'，而效能则是'做正确的事'。效率和效能不应偏废，但这并不意味着效率和效能具有同样的重要性。我们当然同时希望提高效率和效能，但在效率与效能无法兼得时，我们首先应着眼于效能，然后再设法提高效率。"这也就是要先做正确的事，再正确地做事。在学校发展中亦如此。什么事是正确的事？怎样才能确保所做的事情是正确的？这需要我们切实做好学校的顶层设计。同时，要调动每一位教师、家长、领导、专家参与学校顶层设计工作，把参与的过程变成集思广益的过程，变成凝聚共识的过程，变成统一思想的过程，变成知行合一的过程。

从每一件小事入手来改变。老子曾说过，天下大事，必作于细。《资治通鉴》指出：尽小者大，慎微者著。列宁曾说过：要成就一件大事业，必先从小事做起。海尔集团创始人张瑞敏指出：把每一件简单的事情做好就是不简单，把每一件平凡的事做好就是不平凡。这些名言警句无一不告诉我们一个共同的道理，凡事从小事做起，改变亦如此。要改变我们的学校，就要在顶层设计的框架内，做好每一件小事。把每一件小事做好之后就成了大事，也就实现了从每一个小改变向学校大改变大发展的跨越。

从现在开始改变。学然后知不足，学然后思变，学然后见行动。在学习培训结束后，我们需要的不是有理由的等待，而是有方向的行动，是立行立改的行动。人生能有几回搏，此时不搏待何时？改变我们的学校，需要以时不待我的紧迫感和舍我其谁的责任感，珍惜每一分每一秒，抓紧每一分每一秒，利用好每一分每一秒，从现在开始，从眼前开始，从当下开始！

改变，从来都不是任性的，而是有着深刻的内在规律的。

在伦敦闻名世界的威斯敏斯特大教堂地下室的墓碑林中，有一块名扬世界的墓碑。

其实这只是一块很普通的墓碑，粗糙的花岗石质地，造型也很一般。同周围那些质地上乘、做工优良的亨利三世到乔治二世等二十多位英国前国王的墓碑；以及牛顿、达尔文、狄更斯等名人的墓碑比较起来，它显得微不足道、不值一提。并且，它没有姓名，没有生卒年月，上面甚至连介绍墓主的文字也没有。

但是，就是这样一块无名氏的墓碑，却名扬全球。每一个来到威斯敏斯特大教堂的人，可以不去拜谒那些曾经显赫一世的英国前国王，可以不去拜谒狄更斯、达尔文等世界名人，但却不能不来拜谒这一块普通的墓碑。他们都被这块墓碑深深地震撼着，准确地说，他们被这块墓碑上的碑文深深地震撼着。在这块墓碑上，刻着这样的一段话：

> 当我年轻的时候，我的想象力从没有受到过限制，我梦想改变这个世界。
>
> 当我成熟以后，我发现我不能改变这个世界，我将目光缩短了些，决定只改变我的国家。
>
> 当我进入暮年后，我发现我不能改变我的国家，我的最后愿望仅仅是改变一下我的家庭。但是，这也不可能。
>
> 当我躺在床上，行将就木时，我突然意识到：如果一开始我仅仅去改变我自己，然后作为一个榜样，我可能改变我的家庭；在家人的帮助

和鼓励下，我可能为国家做一些事情。然后谁知道呢？我甚至可能改变这个世界。

据说，许多世界政要和名人看到这块墓碑上的碑文时都感慨不已。有人说这是一篇人生的教义，有人说这是灵魂的一种自省。对我们校长而言，这又何尝不是一种借鉴和警醒呢？

第三部分　家长这样更美好

家长，乃孩子人生的第一任老师，是孩子成长路上的终生陪伴者。
美好，既是家长对生活的向往，也是家长对教育的期盼。
追寻教育的美好，家长这样做，可以更美好！

1. 配合学校义不容辞

孩子的成长，关系学校的生存与发展，更关系到每一个家庭的明天与未来；孩子的成长，离不开教师的辛勤培育，更离不开家长的精心呵护。孩子是父母的影子，父母是孩子的第一任老师。配合学校，是家长义不容辞的责任。家长怎样配合学校呢？

一、努力做好孩子的榜样

孩子在成长过程中，逐渐形成社会化人格的一个重要手段就是模仿他人，而父母以及最亲近的人，就是他们的模仿对象。因此，孩子身边的成年人，尤其是父母，以身作则非常重要。

做好榜样的一个重点，就是要以行动证明一切。许多家长没考虑到自己的教育方式是否合适，只知道长篇大论。如果家长能做到少说多做，那么75％的亲子问题就不会出现了，这样一来，孩子也会尊重家长，并潜移默化地受到家长的影响。

另外，言行一致也非常重要，如果你做出与自己所说的话相违背的行为，孩子很快会发现你说话不算数。那么你就会失去威信，他们将不会理睬你的话。

最后，许下的诺言要遵守。这一点跟言行一致是分不开的。不遵守诺言会让孩子感到非常受伤，不仅影响你在他们心目中的形象，还会让他们学会不诚实，认为承诺是可以随意打破的。

二、高度关注老师的要求

不知大家听说过“5＜2”不等式没有？在很多情况下，这个不等式肯定是不成立的，但在教育领域里，这个不等式很多时候却又是成立的。

“5＜2”是什么意思呢？一周 7 天，其中学生有 5 天是在学校受教育的，是由学校来管理的，而剩下的 2 天（即周末）是由家庭管理的。但是，老师在学校给予学生 5 天教育所取得的效果有可能被 2 天的家庭教育所抵消，甚至作用还小于 2 天。

当然，这样的情况往往出现在那些对孩子疏于教育和管理的家庭中。孩子回到家里，由于脱离了老师的监管，脱离了学校有秩序的班级生活，如果家长不对孩子的周末生活进行引导规划，孩子自然就变成了脱缰的野马。

因此，教育孩子，只有做到家庭与学校、家长与老师的和谐统一，才能收到事半功倍的效果。为此，家长一定要经常与各科教师保持密切联系，高度关注孩子的在校学习情况和思想动态，及时了解教师对孩子在品行、学习、生活等各方面的要求，并将老师对孩子在校期间的要求延伸到家庭，实现家校无缝对接。这样才能真正避免“5＜2”现象的发生，实现“5＋2＞7”的教育目标，收到“5＋2＞7”的教育效果，促进孩子的快乐超越。

三、大力发展孩子的特长

什么是特长？一般指特别需要培养的长处，如舞蹈、音乐、美术、手工、体育等。目前，对于特长教育问题，家长们在认识上存在两个误区：一是一些家长小时候没有机会也没有条件进行特长训练，于是想在孩子身上弥补自己的遗憾，同时也为了孩子今后更好地适应社会，于是想让孩子十八般武艺样样精通。二是一部分家长认为，特长培训会和文化课学习发生冲突，以致影响到至关重要的学习成绩和升学，所以不赞成对孩子进行特长培养，他们认为只要学习成绩好，其他都无所谓，后者在我们家长中占大多数。记得在学校选拔足球运动员组队集训时，就有相当一部分孩子的家长不同意自己的孩子参加集训，一是担心影响学习，二是舍不得在孩子的特长培养方面投入。一分付出一分收获，没有一定的投入，怎么可能使自己的孩子脱颖而出呢？

如何看待特长教育？首先，我们国家所认定的“特长”，在许多发达国家已被认为是适应社会发展的必备素质了。如哈佛大学要求自己的学生必须具有健康的体魄，也必须会在钢琴上至少演奏一首世界名曲。如此看来，我们所谓的“特长”，不应是为了适应社会的一种生存技能，而是21世纪社会发展所必备的一种基本素质。可以肯定地说，孩子的特长有必要培养。

特长培养与文化课学习矛盾吗？这是家长们普遍关心的一个问题。事实证明：孩子们在特长训练过程中，注意力、观察力、记忆力、想象力等非智力因素都会得到提高，这将有助于文化课的学习。孩子通过特长的培训学习后，会在学生群体中有一种优越感和骄傲感，这样可以增强孩子生活和学习的自信心。通过舞蹈、跆拳道、乒乓球、篮球班的训练可以提高孩子身体素质，增强体魄，与其他孩子相比多一些实现表现欲的机会。通过书法、绘画、手工制作能提高孩子的动手能力，通过英语培训提高孩子英语交际能力，也是学科教学的需要。对孩子以后面向社会、面向就业来说，有特长的孩子更能适应社会需要。在特长培训过程中，一定要坚持培训，这样可以培养孩子做事自始至终、不会半途而废的品质，还可以增强孩子克服困难、敢于挑战的精神。

十年树木，百年树人。培育孩子是家校共同的事业。美国著名教育家杜威曾经说过：家庭教育与学校教育的分离是教育中最大的“浪费”。让我们携起手来，为实现孩子的茁壮成长而共同努力！

2. 携手共育快乐成长

孩子的成长关系千家万户，关系祖国未来。对于学校而言可能只是两三千分之一，但对于每一个家庭而言就是百分之百。孩子的成长，不仅需要学校教育，更需要家庭教育、社会教育。德国有一句谚语：推动世界的手是摇摇篮的手！由此可见，家庭教育是何等重要！那么，作为家长、学校、教师，需要怎么做呢？

一、安全上给予重视

生命不保，何谈教育？孩子的成长，摆在第一位的是生命的成长。因此，无论是学校还是家庭，应始终把孩子的安全摆在教育的第一位。为确保孩子在校安全，学校做了大量的工作，如对孩子在校期间实行无缝隙管理，即只要孩子在学校，就有教师在身边，包括上课、课间、就餐、睡觉等。但孩子的校外安全特别是防溺水、乘坐校车等，需要大家的大力配合。据统计，乘坐各类车辆上学的学生共有千余人。通过观察发现，目前学生乘坐校车存在很大的安全隐患。按照规定，学生到校时间最早不得早于 7：00，走读生离校最晚不得晚于 16：30，而有的校车司机为了追求利润的最大化，严重超载，且有的校车司机接送学生 7：00 前就到校了，有的校车司机 17：00 以后才来接学生回家；学生每天 6：00 不到就要起床，睡眠严重不足，早到晚回期间存在管理真空，因而也存在较大的安全风险。对于这些问题，作为家长，我们要么与司机交涉，调整接送时间，要么拒绝乘坐这类校车。另外，在寒假这个特殊的时期里，孩子要走亲访友，希望家长一定要教育孩子注意交通安全和人身安全，确保孩子度过一个平安祥和的春节。

二、习惯上给予配合

亚里士多德说：“优秀不是一种行为，而是一种习惯。”也就是说，只有行为习惯的优秀，才是真正的优秀。每个孩子都是一个独立的个体，都是上帝赐给父母的最好礼物。至于长大后有的成龙变凤，有的平淡无奇，这与父母从小的言传身教不无关系。每个孩子都是一块璞玉，家长、老师、社会互相配合，精心雕琢，才能使之成为精美的玉器。家长作为和孩子接触时间最早、最长的关键人物，是教育环境的主要营造者。为此，希望每一位家长在每一件小事上都要注意引导孩子，处理和孩子间的关系。要想帮助孩子成为学优生，就要从培养孩子良好的生活、学习、行为习惯入手，生活上勤俭节约，学习上刻苦努力，行为上文明优雅，使孩子们学会做人、学会求知、学会做事、学会共处。

三、生活上给予理解

学校从建校之初起就把解决家长的后顾之忧当作自己的出发点和落脚点。为此，我们根据家长的实际需求开设了多种班级模式。一学期来，家长肯定非常关心孩子在校期间的学习，但更关心孩子的生活。关于学校的生活，学校的领导、教师和学生吃一样的饭菜。因此，饭菜的质量和营养请您大可放心。而且在这里向全体家长承诺，过去是这样，现在是这样，今后将也是这样。由于孩子人多，口味各不相同，食堂在保证让您的孩子吃饱的同时难以调和口味，希望各位家长能够理解。同时，公寓为您的孩子提供基本的住宿条件，生活老师也会教您的孩子自己折叠被子、洗袜子和短裤等，这既是对孩子的一种爱护，更是对孩子的一种培养，让孩子从小养成良好的独立生活习惯。对此，请家长以更宽容、更正面、更积极的心态看待学校、理解学校。

四、发展上给予支持

我们学校是一所全新的学校，正如一个初生的婴儿。开学以来，学校发展得到了各级领导、社会各界及广大家长的大力支持，也受到了各级领导、社会各界和你们的一致好评。借此，我向各位家长表示最真诚的感谢！在今后的办学过程中，学校将推出一系列的改革，为了全面贯彻落实办学理念，打造学校办学特色，届时，我们将引进乒乓球、跆拳道、足球、围棋、书法、舞蹈、绘画、器乐等特长的专业教师或教练，共同促进孩子的发展。在这方面，我们将在充分尊重您及孩子的意愿后让孩子自主选择。为此，希望得到各位家长的一如既往的支持。为了规范学校管理，保障孩子安全，应广大家长的强烈要求，我们将从下学期进一步优化班级模式，取消走读班，中午实行校园全封闭；完善午托班，下午在校完成作业后离校。

家庭教育不仅是基础的教育，而且是主导的教育，给孩子深入骨髓的影响，是任何学校及社会教育所永远代替不了的。

英国有一个爱德华家庭，是真正的书香门第。老爱德华是位博学多才的哲学家，为人严谨勤勉。他的子孙中有 13 位大学校长、100 位教授、80 多位文学家、60 多位医生、1 位大使、20 多位议员。

同样在英国，另一个珠克家族与之相比则大相径庭。老珠克是远近闻名的酒鬼和赌徒，浑浑噩噩，无所事事。这个家族至今已传下八代，其子孙后代中，有 300 多人当过乞丐和流浪汉，400 多人酗酒致残或死亡，60 多人犯过诈骗或盗窃罪，7 个杀人犯，整个家族没有一个人有出息。

我们试想，假如珠克家族中的某个人在婴儿时就被爱德华家族抱养，那这个人又将变成什么样的人呢？反之又会怎样？家庭最初灌输的是非观念、善恶标准、为人原则，将影响他的一生。这就是两个英国家族留给后人的启示。

为了孩子的健康成长，为了孩子的美好未来，赶快行动起来，与学校一起携手共育孩子快乐成长！

3. 正确看待孩子作业

2021 年 7 月，中共中央办公厅、国务院办公厅印发了《关于进一步减轻义务教育阶段学生作业负担和校外培训负担的意见》（后简称《意见》）。一年多来，为落实《意见》要求，学校高度重视作业管理，坚持作业布置学科统一、总量控制、每天公示，除周末外，教师不得给学生布置书面家庭作业，取得了一定的效果，也有效减轻了学生的校内作业负担。为加深家长对教师布置作业的了解与理解，进一步增强家校理解与合作，家长必须了解“双减”＋课后服务的作业等相关事项。

一、减轻学生校内作业负担既要减少作业总量时长，还要提高作业质量

什么样的作业是学生的负担？什么样的作业是高质量的作业？这是我们学校一直在探讨、研究、深思的问题。重复性、机械性、惩罚性的作业，加重了学生的负担，我们理所当然予以减掉。组织教师参加华师作业设计线上培训，每学期举行教师作业设计大赛，积极引导教师注重作业设计，不断提高作业质量，这也是我们学校一直努力的方向。目前，教师在作业布置上突出基础性、体现多样性、遵循差异性、把握实践性、注重创新性，在选编、改编作业中提高作业的趣味性，增强作业的吸引力，真正让孩子喜欢做作业，做喜欢的作业。

二、课后服务不能确保每一位学生在校完成书面作业，但可以保证绝大部分学生在校完成书面作业

《意见》要求：充分用好课后服务时间，指导学生认真完成作业，对学习有困难的学生进行补习辅导与答疑。教师要指导小学生在校内基本完成书面作业。但在实际中，因学生学习基础不同、作业速度不同、作业态度不同，导致学生在校作业完成情况也不相同。一年多来，老师们普遍反映，在课后服务作业时间内，大概 80％以上的学生能够按时完成当日的书面作业，总有

极少部分学生的作业需要回家才能完成。对于需要回家继续才能完成书面作业的孩子，希望家长正视自家孩子的差距，客观分析问题的成因，正面引导孩子不断提高作业速度和质量，坚决杜绝打骂等粗暴行为，给孩子造成过多的心理压力和伤害。

三、课后服务开展后不是没有家庭作业，而是没有书面家庭作业

《意见》指出：小学一、二年级不布置家庭书面作业，三至六年级书面作业平均完成时间不超过 60 分钟。因为课后服务作业辅导 1 小时，所以原则上不再布置书面家庭作业。课后服务开展以来，家长们最直观的感受是学生放学回家后亲子关系和谐了，再也不用因为作业问题而搞得家庭“一地鸡毛”，甚至相当一部分家长以为，课后服务孩子都在学校完成作业了，回家就不应该有作业了。其实这是大错特错。学生的作业既有书面作业，也有非书面作业，其在校内完成的作业只是书面作业而已，而非书面作业则需要回家后继续完成。根据学校要求，学生的非书面作业包括每日家务劳动、运动锻炼、课内诵读、课外（亲子）阅读、讲述表演作业以及科学观察、动手实践等作业。希望家长积极配合老师完成非书面家庭作业，养成良好的生活学习习惯。

四、“双减”不止减轻学生作业负担，还要减轻校外培训负担

《意见》的指导思想是：强化学校教育主阵地作用，深化校外培训机构治理，坚决防止侵害群众利益行为，构建教育良好生态，有效缓解家长焦虑情绪，促进学生全面发展、健康成长。一年多来，大多数家长们的焦虑情绪有所缓解，但仍然有部分家长的焦虑程度不减反增，线下培训因疫情影响就为孩子报名线上课程，学校老师在校为学生减作业，家长却在家里给孩子增作业，导致孩子睡眠不足，影响在校学习。为此建议，广大家长要切实学习掌握科学的育子观念，始终把孩子的身心健康放在第一位，先成人，后成才，育习惯，益终身！

作业是家长了解孩子上课状态、学习效果的一面镜子。关注孩子的作业状况，家长义不容辞，也责无旁贷。但对于孩子的作业，家长要科学看待，积极配合，与师同行，为培养全面发展、身心俱美、有理想、有本领、有担当的时代新人而贡献我们每一位家长、每一个家庭的独特智慧和力量。

4. 协力保障学生睡眠[①]

根据《教育部办公厅关于进一步加强中小学生睡眠管理工作的通知》精神，为保障小学生每天睡眠时间达到 10 小时，华中师范大学附属惠州大亚湾小学家校协力出实招，多措并举保睡眠。

第一，切实加强睡眠教育。学校德育处及各班利用班会等时间，加强对学生的睡眠教育，引导学生充分认识充分睡眠的重要性，发动家长切实督促孩子遵守学校到校时间，养成午休习惯，确保每天晚休、午休时间总计不少于 10 小时。

第二，严格控制上学时间。根据学校作息时间表，向家长发出《关于严格执行作息时间错时上学保障学生睡眠时间的通知》，严格控制学生在校学习时间不超过 6 小时，学生上午、下午到校时间不早于上课时间前 30 分钟，杜绝学生过早到校导致睡眠时间不足。

第三，努力规范课后作业。全体教师加强专业学习，精讲多练（读）、提高课堂教学效率，提高教学目标达成度，尽可能在课堂上完成作业。规范布置学生课后作业特别是课后书写作业，以年级学科组为单位集中统一精选作业。同时，劝告家长慎报课外辅导班、线上培训班等，避免“校内减负，校外增负”，严重影响学生睡眠时间。

第四，加强检查督导力度。各班级加强对提前到校学生的监督检查，对违反学校规定提前到校的学生在班级内加强个别教育。学校德育处组织值周师生加强对提前到校学生的督查记载，定期不定期通报班主任，并将其结果纳入文明班级考核。学校教务处在教学常规检查中，对家长反映学生作业负担过重的学科教师进行提醒谈话，优化作业布置。各学科教研组加强集体备课，加强作业布置的研究，切实提高课堂教学效率，减少课后作业。

第五，调动家长积极参与。召开家委会、家长会，引导广大家长充分认

---

① 本文曾在中国教育报刊社、中教传媒智库主办的《教育改革情报》上发表，原标题为《华中师范大学附属惠州大亚湾小学家校协力保障学生睡眠时间》。

识孩子的重要意义，家长督促孩子午餐后尽快午休，力争午休时间达到 1 小时，下午放学后督促孩子及时完成作业，检查孩子作业是否按照老师布置的数量完成、书写是否工整、非书写作业（背诵、课外阅读）是否完成以及是否抓紧时间完成等。通过家长积极参与，提高学生作业效率，确保了学生每天晚休、午休时间总计不少于 10 小时。

5. 齐抓共管家校交流群[①]

家校交流群的建立，方便了家校间的沟通与合作，但如果管理不当，教师与家长的沟通就会出现问题，引起双方的反感，进而影响教学工作。日前，青海西宁市城西区出台《家校网络交流平台“五要五不要”管理规定》，明令防止家校网络交流平台成“拍马屁群”。对此举，笔者为西宁市城西区点赞。

近些年来，随着互联网的广泛应用，班级 QQ 群、微信群等已经成为家校交流的主要渠道和重要平台。由于群内人员工作性质各异，个体素质参差不齐，加之群主缺乏有效管理和引导，导致不少班级交流群如同放牛场一样混乱无序，闲聊、链接随手就来，有的家长甚至把其他家长当客户，利用此交流平台发广告搞促销，异化了家校交流群的功能，背离了家校交流的初衷。如何发挥好这一网络交流平台的教育功能，从学校管理者和学生家长的角度来看，我认为需要解答好以下三个问题。

一是“谁来管”。我认为，要建立群委会。班级交流群是一个班级内所有老师和家长共同的交流平台，理应由他们来共同管理，而不能只由某一位老师或者某一位家长来管理，更不能无人管理。因此，我们要充分发挥广大家长的积极性和主动性，与学校、班级家委会有机结合，推选产生群委会，负责班级 QQ 群或微信群的日常管理。群委会的人员应着力推选那些具有良好教育理念、理解教师工作、热心班级公益、善于传播正能量的家长。群委会人数根据班级学生人数和符合推选条件的家长数量确定，可多可少，但不得少于 3 人，不超过 7 人。

二是“如何管”。我认为，要建立工作机制。群委会建立后，群主召开委员会议，制定群委会委员工作岗位职责，进行工作分工。关于岗位职责，一定要明确以下事项：班级群管理实行群委会集体管理制度，涉及群内重大事宜由群委会集体研究确定；班级群实行轮流群主制度，每天值群委员为当日

---

① 本文曾在中国教育报刊社“中国教育之声”微信公众号上发表，原标题为《家校交流群要解决好“谁来管、如何管、管什么”的问题》。

群主，全面负责群内管理工作；值群群主原则上需要向群成员推荐1篇家庭教育方面的深度好文，供家长学习借鉴；关注群内动态，及时处理与班级和教育无关的信息发布，并做好违规群成员的沟通劝导工作，杜绝类似事件发生；双休值群群主在与班主任及科任教师沟通后，可以每周或不定期组织群成员围绕某一教育现象或问题进行讨论交流，探讨育人之道，交流育人经验，互相取长补短。

三是“管什么”。我认为，要建立发布制度。目前家校交流群最突出的问题是有些群成员在群内随意发布无关信息，导致其他群成员难以获取正常的信息。因此，要建立群发布制度，对发布内容及群成员发言时机进行规定。

发布内容可以分为必须发布、可以发布和不得发布三类。必须发布内容包括与教育教学工作密切相关的内容，如作息时间表、课程表、任课教师联系方式、放假通知、需要家长参与或配合支持的活动、家庭作业等，一定要及时在群内发布，保障群成员的知情权。可以发布的内容包括与教育有关的经典文章、学校的新闻动态、班级活动图文等。不得发布的内容包括违反国家法律法规的内容，涉及学生学习成绩排名等个人隐私的内容，广告、促销、拉票、积赞等与与孩子学习无关的内容等。

对于发言时机问题，我认为，凡是不需要每一位成员回复确认的，可以提前告知，以免覆盖重要信息。若是群主需要成员就某一问题进行讨论交流，每一位群成员都可以自由发言。群成员需要就个体事项咨询交流的，建议采取私聊方式。此外，为保障群成员的休息时间，应告知群成员除非是十分紧急的情况，不要在午休和晚休时段发布信息。

只要回答好“谁来管”“如何管”和“管什么”这三个问题，班级QQ群或微信群等家校网络交流平台一定会回归原本的功能与作用，也一定会为家校交流、子女共育搭建一座无形的桥梁。

6. 亲子生活之“四个一”[①]

寒假生活即将开始，学生的教育主体将从学校回归家庭。

我们知道，陪伴是最好的教育。为了家校接力、五育并举，为了让孩子们度过一个愉快的寒假、春节，为了孩子身心健康、茁壮成长，每一位家长都要陪伴孩子，和孩子一起共享亲子运动、亲子阅读、亲子劳动、亲子学习之乐，确保孩子的寒假生活有目标、有计划、有规律、有意义、有发展！

一、坚持每天运动1小时，练就一副好身体

健康是生命之本，运动是健康之源。伏尔泰说：生命在于运动。蔡元培先生说：人的健康，不但靠饮食，尤靠运动。卢梭说：身体虚弱，它将永远不会培养出有活力的灵魂和智慧。

为提高学生身体素质，2007年《中共中央 国务院关于加强青少年体育增强青少年体质的意见》要求，全面实施《国家学生体质健康标准》，把健康素质作为评价学生全面健康发展的重要指标。2020年《中共中央办公厅 国务院办公厅关于全面加强和改进新时代学校体育工作的意见》进一步提出，合理安排校外体育活动时间，着力保障学生每天校内、校外各1个小时体育活动时间，促进学生养成终身锻炼的习惯。

近年来，学校每年11月下旬按照国家统一要求开展了学生体质监测，但从测试结果看，一半以上的学生体质没有达到良好标准，亟需切实加强体育锻炼。因此，无论是上学期间还是寒假期间，每天运动1小时必须成为孩子的规定作业，成为家长和孩子一起亲子运动的美好时刻。只有这样，孩子才可能练就一副好身体，才能保证孩子更好地学习、更好地生活、更好地发展！每天运动1小时，运动项目必须有体质测试规定项目，如仰卧起坐、坐位体前屈、肺活量、跳绳、50m跑、50m×8折返跑等，也可有兴趣爱好个性化项目，如篮球、足球、乒乓球、滑冰等，做到“两结合”“两促进”。

---

① 本文曾在“校长派”微信公众号上发表，原标题为《坚持“四个一”实现“四个好”学生寒假亲子生活可以这样过》。

二、坚持每天阅读 1 小时，丰富一个好脑子

书籍是人类进步的阶梯。中国有句俗语：人从书里乖。德国也有句谚语：一个家庭没有书，就等于一间房子没有窗子。我国有很多关于阅读的名言警句，如“读书破万卷，下笔如有神”“书读百遍，其义自见”，还流传了诸如“头悬梁，锥刺股”“囊萤映雪”“凿壁偷光”等刻苦阅读的经典故事。这些名言警句也好，经典故事也罢，无不充分说明阅读的重要地位和作用。

对于孩子而言，阅读可以开阔视野，获取未知信息；阅读可以提升内涵，锤炼个人修养；阅读可以增加底蕴，厚实文化根基；阅读可以放飞心灵，充盈内心世界。归根到底，阅读可以丰富孩子的脑袋。

如何阅读呢？一要确定好目标。自己想通过阅读得到什么？达到什么目标？二要选定好内容。读什么？孩子要和家长一起根据需要、兴趣选择合适的内容。三要掌握好方法。怎样读？是自己独立阅读还是和家长一起亲子共读？是快速浏览还是精细品读？是读思结合还是读写结合？四要养成好习惯。是不是每天阅读？是不是每天同一时间段阅读？是不是每天阅读相对固定的数量？是不是边读边思考、边读便记录、边读边写作？读后是否可以和家长一起互相讲一讲、议一议？

三、坚持每天劳动 1 小时，掌握一项好技能

劳动创造美好生活，勤奋成就美好未来。习近平总书记说：幸福是奋斗出来的。马卡连柯说：劳动永远是人类生活的基础，是创造人类文化幸福的基础。宋庆龄说：知识是从刻苦劳动中得来的，任何成就都是刻苦劳动的结果。没有劳动就没有我们今天的幸福生活，就没有我们日益强大的祖国，就没有我们美好灿烂的未来和中华民族的伟大复兴！

2020 年，《中共中央 国务院关于全面加强新时代大中小学劳动教育的意见》、教育部颁布的《大中小学劳动教育指导纲要（试行）》相继印发。国家在修订《中华人民共和国教育法》时，明确规定要培养德智体美劳全面发展的社会主义建设者和接班人，将“劳”写入党的教育方针，将劳动教育作为法律硬性要求。劳动教育，因此已成为我国新时代教育改革与发展的重要内容。

加强劳动教育，不仅对学生进行劳动技能、劳动方法的教育，更要对学生进行热爱劳动、尊重劳动的教育；不仅对学生进行单一的劳动教育，更要

在对学生进行劳动教育的同时做到“五育融合”，以劳育德、以劳增智、以劳健体、以劳创美；不仅在课堂上、校园里对学生进行教育，更要在家庭中、社会上、实践中经历劳动、体验劳动。寒暑假期间，孩子可以在家长的指导下参与各项劳动或和家长一起亲子劳动，在力所能及的范围内，努力做到“自己的事情自己做，家里的事情帮着做，社会的事情参与做”。同时，大力倡导孩子充分利用信息化手段或者劳动技能书籍自主学习，确保每天劳动学习与实践时间达到1小时，人人至少学会一项生活或手工小技能（如用废旧物品制作手工作品）。

四、坚持每天学习1小时，打下一个好根基

孔子说：“学而时习之，不亦乐乎。”古语道：“三天不磨刀生锈，三天不学人落后。”一个寒假大约1个月，对于孩子而言，时间说长也长，说短也短。但经过一个寒假，由于受到的家庭教育不同，孩子的成长也决然不同。

寒假既是孩子休息的时间，也是孩子学习的时间，更是孩子自主发展的时间。因此，家长要担起这份重任，陪伴学习、亲子共学，既要让孩子休息好，也要让孩子学习好、发展好，不因放假放弃学习，坚持每天学习1小时，为孩子积蓄再出发的能量，打下良好的根基。

每天学习1小时，可以定量完成老师布置的寒假作业，统筹安排，确保开学返校前全部完成；每天学习1小时，可以培养兴趣，积极参加科技、体育、艺术等非学科培训，掌握一项终身受用的个人特长；每天学习1小时，可以走访城市农村、工厂企业、学校医院、社区村组，更好了解社会民情，增长见识，拓宽视野；每天学习1小时，还可以拜访民间艺人、走近历史古迹，领略中华文化魅力，感受中华文明底蕴等。坚持学习，既要向书本学习，也要向社会学习，还要向实践学习，不同的学习一定会有不同的收获。

凡事只要肯坚持，就一定会有收获。在家长的陪伴下，孩子坚持、坚持、再坚持，向着自己的梦想出发，一定会度过一个充实、愉快、有意义的寒假生活！

第四部分　学校这样更美好

学校，是教育活动实施的阵地，是学生生命成长的摇篮。
美好，既是学校的最初本色，也是学校的未来特色。
追寻教育的美好，学校这样做，可以更美好！

1. 美好教育诗意前行[①]

万物向阳而立，教育向美而生。近年来，坐落于深圳与惠州交界地带的华中师范大学附属惠州大亚湾小学（以下简称“华中师大亚湾附小”），矢志不渝践行“用美好的教育创造教育的美好”的办学理念，从文化育人、课程育人、协同育人等维度持续发力，培养健康、自信、好学、友善的“美好少年”，交出了一份亮眼的成绩单，成功实现了附近适龄学生从“有学上”向“上好学”的转变，成为群众家门口的优质学校。

凝聚共识·培育“美好文化”

学校文化建设是学校高质量发展的根与魂。办人民满意的教育，首先需要大力推进学校文化体系建设。华中师大亚湾附小领导班子根据校情积极探索路径，经过一轮轮“头脑风暴”，提炼出四个字——美好教育。

华中师大亚湾附小的美好教育理念是对人民群众追求美好生活的直接回应，是对惠州“崇文厚德、包容四海、敬业乐群”的城市精神及华中师范大学“忠诚博雅、朴实刚毅”育人精神的进一步凝练和传承，是对素质教育理念与时俱进的延伸和拓展，有着深厚的群众基础、文化支撑和鲜明的时代特征，切实为学校高质量发展定下了基调。

具体而言，学校的美好教育坚持以人为本，致力于促进师生主动、全面、个性发展；注重优质均衡，致力于让每一名学生都享有公平而有质量的教育；强调多元主体，致力于家校社协同共育；积极面向未来，致力于为学生的终身发展奠基。

校园文化建设的主体是全校师生。如何让学校文化融入师生血脉，化为师生发展的“精神之钙”？

建构宣传是基础。首先，确定围绕美好教育办学理念建立以“一训三风”为主要内容的校园文化体系；其次，组织教职工学习讨论，写入学校发展规

---

① 本文与何冰森、吴剑锋合作，曾在《中国教育报》上发表。

划，达成广泛共识；最后，通过在教室和走廊悬挂相关办学理念条幅、开展相关主题班会、拍摄反映美好教育理念的育人短视频、发布微信公众号推文等方式，让美好教育理念具体生动地走进师生的心田。

活动内化是重点。在教师层面，通过宣读“誓言”、举办“做‘美好教育’代言人”等活动，强化教师对美好教育的认识。在学生层面，广泛开展“童心向党”歌曲比赛、“学先锋做先锋”志愿服务、“一起向未来”开学典礼、体艺节、科技节、劳动节、读书节等丰富多彩的校园活动，让学生在丰富的活动中加强对美好教育的体验。近年来，为了进一步推动美好教育理念与校园活动的深度融合，学校还推出了独具特色的“美丽心灵春夏行”主题活动，主要包括“美丽心灵阳光行”“保护地球接龙行”“读书滋养心灵行”，分别从自我、自然与社会三个维度培养学生健全人格，引领其享受教育的美好。

评价引导是关键。美好教育理念要想深入人心，离不开评价的激励和牵引。学校在教师工作评价中，不仅关注教学能力、师德师风等硬性指标，还注重师生关系、教学理念、责任担当等软性指标，激励教师为学生成人成才而教、为丰盈个体生命而教。在学生评价中，不仅有常规的期末学业等级评价，还有过程分项评价，如各项竞赛表彰和“六美少年”（美心、美智、美体、美趣、美行、美言）评比，更有“文明小学生”“美德少年”等综合性评价。通过多元评价励其所行、长其所能，让每一名学生都出彩。

守正创新·培养“美好教师”

近年来，学校秉持美好教育的价值追求，主动作为、锐意改革，多维度发力，建强教师队伍，以“美好教师”成就美好教育。

搭好齐心班子。因合作办学的现实需要，学校党支部书记、校长分设。党支部书记充分发挥党组织领导全面工作的作用，保证正确的办学方向，引导干部教师奋进，保障各项工作落实。校长坚持党的组织领导，坚持组织原则，重大事项与党支部书记先沟通再决策落实。党政志同道合，形成了齐心协力干事创业的良好氛围。校级干部带领中层干部坚持“五项修炼”：常怀忠诚之心，把忠诚于党深植于教育；常怀仁者之心，把服务师生践行于始终；常怀公正之心，把公平正义落实于工作；常怀锐气之意，把作为担当贯彻到实际；常怀求真之意，把实事求是贯穿于创新实践，实施人性化管理，让师生倍感幸福美好。

做好示范引领。学校领导班子坚持用“分项竞优”引导教师创造美好教育生活；用“每月反馈”引导教师做解决自己问题的专家；用“育人故事”带领教师积极正向关注和思考；用“同伴经验交流”启迪教师寻找“例外”解决问题；用发展性分项评价激励教师通过“小改变”发挥“滚雪球”效应；用微信公众号平台展示教师持续进步的风采。

厚植高尚师德。以“信守誓言 阳光向美”系列师德教育为引领，坚持为党育人、为国育才，建设“德艺双馨、求精求美”的师风。组织开展“博学雅行 大道至美”读书分享、“教师素养”分组赛、“美好教育”案例征集、讲红色经典故事等一系列活动，铸“爱生”师魂，立“敬业”师德，提“博雅”师能。

坚持培训赋能。学校实施素养提升工程，带领教师通过摩课、模课、磨课、悟课，促进教师专业发展。为了强化培训实效，学校还为不同水平、不同职业生涯发展阶段的教师量身定制了专属培训计划，大力推行“青蓝工程”，助推青年教师快速成长；建立名师工作室，引领骨干教师走向卓越。此外，学校还坚持落实“人人周周研讨”教研制度，用“上、评、研”提升落实新课程方案和新课标的水平。通过线上、线下相结合的方式，大力推行“三级集智”备课制，每周做到时间、地点、人员、内容、流程、任务“六落实”，切实凝聚集体智慧，打造高质量课堂。

推进课题研究。学校鼓励教师在教学中勤思考，根据发现的疑难问题，持续开展“用得上”的课题研究，以研促教、以研促学，助推教师专业成长。例如，在“双减”背景下，作业的设计尤为重要，学校发起教师作业设计比赛，鼓励教师开展相关课题研究，切实增强了教师作业设计的科学性、生活性、差异性、多元性、创新性。

做好精细服务。学校相信只有美好的教师才能教出美好的学生。要让教师深切感受教育的美好，学校首先不仅要帮助教师在专业成长上下功夫，还要在生活中积极为其排忧解难，使其能安心、静心、舒心从教。例如，通过各种渠道帮助新教师解决住宿问题，尽量减少教师多余、过重、过多、过剩的非教育教学活动，定期组织开展各类教师团建活动，让教师充分感受教育生活的美好。

“五育融合”·构建“美好课程”

课程是落实育人目标的主要载体，有什么样的课程就有什么样的教育。为此，学校的整个课程体系都紧紧围绕学生这一主体而设计，致力于构建“美好课程”体系，助力美好教育落实落细。

课程体系美好。学校在按照国家课程方案开齐开足国家课程、开好地方课程的同时，还把体现地域特点、发展学生优势的校本课程纳入日常课表，充分满足了学生的多元成长需要。此外，学校还基于“五育融合”理念，将国家课程、地方课程、校本课程进行整体设计、有机融合，建立了独特的“四维”“美好课程”体系，具体包括以“身心健康”为核心的美体课程、以“完善人格”为核心的美德课程、以“宽基赋能”为核心的美智课程、以“创新实践”为核心的美雅课程，充分发挥了课程的系统育人功能。

课程内容美好。目前，学校已经开发了心理团辅、体育、音乐、美术、文学、书法、编程等 32 门校本课程，学生可以根据兴趣自主报名选修。其中，沙画是最受学生喜爱的校本课程。目前，已有 50 多名学生的沙画作品在省级以上竞赛中获奖，其中 14 幅沙画作品被“广东省许钦松艺术基金会”永久收藏，指导教师王丹萍荣获广东省首届“许钦松乡村美术教育奖”。为了进一步优化沙画课程，王丹萍 2022 年申报课题“小学沙画艺术校本课程的开发与实践研究”，成功立项为惠州市“十四五”教育规划课题。

课程实施美好。学校认为美好的课堂应该呈现出多样性、自主性、灵活性等特征，大力推动课程实施变革，让课程实施变得趣味盎然。如，在“我们的节日”序列课程中，引导学生体验优秀传统习俗，交流感受；在“暑假寒假生活指引”课程中，让学生按主题自主规划安排寒假生活，在自主探索中发展核心素养；在“心理健康教育”课程中，融入专项团辅、研学拓展、情景剧创编等，真正让学生感受教育的美好。

协同共育·打造“美好生态”

学校是文化育人的主阵地，家庭是品德教育的主战场，社会是实践教育的大舞台。要想打造美好育人生态，促进学生全面发展，学校、家庭、社会缺一不可。近几年，华中师大亚湾附小从体制机制入手，整体构建家校社一体化工作体系，形成了“以学校教育为主体、家庭教育为基础、社会教育为依托”的美好教育生态。

组建“三个机构”。组建由书记、校长、中层干部、年级组长构成的“协同育人”领导小组，家校社协调员是秘书长；组建由学校、家长、社区代表构成的“教育联盟”，协调员是联盟主要负责人，代表学校整合各方教育资源；组建由各班家长代表构成的家委会，协助家长学校管理，组织家校共育各项活动，参与学校民主管理，进行家校工作沟通。

建设“三支队伍”。建设家校社共建学校管理队伍，确保各项工作与学校工作保持一致；建设三级（校级、年级、班级）家委会队伍，确保协同共育工作落实；建设家庭教育指导团队（专家、骨干教师），确保队伍素养不断提升。“三支队伍”密切协作，一起做学校品牌的宣传者、改革的参与者、资源的开拓者、教育问题的应对者。

举办“三级培训”。给干部增慧，鼓励干部学习政策、理论，掌握工作策略，更好地服务与督导；给教师赋能，让教师明确自己在家校共育中的职责任务与途径方法；给家委会导航，指导家委会正确、有效地开展工作。通过“三级培训”，让“三支队伍”在教育理念层面达成一致，为形成育人合力奠定思想基础。

优化“三项制度”。学校依据《家委会工作章程》，先后健全了家委会（家校社联盟）工作制度、家长学校管理制度、家校社沟通工作制度，有效明确了学校教育、家庭教育和社会教育的责任边界，顺利推进学校、家庭和社会一体化育人，切实保障家校社工作常态化运行。

建好“三个基地”。建好学校的家委会工作室，密切家校沟通；建好社区的“家长学校”，定期上好家长课程，引导家长配合学校科学育儿；与社会组织共建社会活动基地，为学生开展丰富的社会实践活动创造条件。此外，学校还注重利用“惠家教”APP、微信公众号、班级群等网络平台开展线上家校课程、宣传学校育人理念、为家长答疑解惑、发起在线共读活动……线上、线下密切联动，实现家校社同频共振，让教育真正发生。

数字赋能·奔赴美好未来

美好教育是面向未来、对学生一生负责的教育。党的二十大报告将“推进教育数字化”写入“办好人民满意的教育”部分，提出“推进教育数字化，建设全民终身学习的学习型社会、学习型大国”。学校积极拥抱变化，大力推动教育数字化。

助力教师发展。办学之初，学校就实现了信息技术“班班通”。教师充分利用实施广东省中小学教师信息化应用能力提升工程 2.0 的契机，利用数字资源提高课堂效率，成效显著。教师将学科教学与信息技术融合，利用丰富的在线资源库提升备课水平，利用数据反馈不断优化教学，利用音频、视频营造课堂情境，利用闯关游戏激活课堂活力……让教学变得更加精准高效。此外，教育数字化还能有效消弭教育鸿沟，实现优质教育资源的流动。华中师大亚湾附小长期借助网络和华中师范大学附属小学共享集体备课和教研，有效提升了教师的专业素养，保障了教学质量。

赋能学生成长。首先，让学生管理更高效。“亲爱的同学们，上午放学时间到了。请关灯关电关窗门，排队下楼靠右行……”“校门周边不逗留，摊贩零食不闻问，防范溺水牢记心，河塘岸边勿靠近。”这是校园内每天都会自动响起的广播提示语，安全、卫生、文明、礼仪等教育引领依托教育数字化融入学生日常。教师还能借助相关软件，远程关注教室学生活动，防患于未然。其次，让课堂教学更多彩。比如在沙画课程教学中，教师利用技术手段将形、声、光、色融为一体，让学生在多感官的综合体验中充分感受沙画之美；在语文课上，教师利用技术手段创造生动的情境，加深学生对文章的理解；在数学课上，教师利用技术手段直观化、形象化地呈现抽象的数学知识，让学生感受到生活中处处有数学。最后，让校园活动更智慧。如 2022 年“六一”儿童节前夕，学校举办第八届“美好童年记忆”之艺术节“喜迎二十大，唱支歌儿给党听”班歌比赛，通过视频号直播，让师生、家长能够便利地在线观看。

校长罗晓说：“美好教育，道阻且长，行则将至。未来，华中师大亚湾附小教育人将紧紧围绕人民群众对美好教育的新需求、新期待，努力办好人民满意的教育，让每一名学生都能在美好教育中遇见美好未来。”

2. 特色品牌淬炼成金[①]

奋进新时代，潮涌大亚湾。教育是一个地方发展、进步的基石，是功在当代、利在千秋的德政工程。党的十八大以来，大亚湾区在努力让每一位孩子从"有学上"向"上好学"的实践中，培育并涌现出了一大批老百姓"家门口的好学校"，华中师范大学附属惠州大亚湾小学（以下简称"华中师大亚湾附小"）便是其中之一。学校位于深惠交界地带，紧邻坪山河，环境优美，区位优势明显，交通便利。大亚湾经济技术开发区管委会、华中师范大学、东圳房地产公司三方合作办学至今已经八年。学生来自服务辖区的老畲村和龙光城北区，教师队伍主要来自热爱家乡教育事业的本地优秀教育工作者，两位校长均为华中师大特聘专家。

八年来，学校在大亚湾区委、区管委会的亲切关怀下，在大亚湾区宣教局的直接领导下，在东圳地产的全力支持下，在华中师范大学的专业指导下，在社会各界的关爱下，已经成为区域示范、辐射引领、颇具特色的"家门口的好学校"，多次荣获"大亚湾区教书育人先进单位""绩效考核优秀单位""教学质量优秀单位"等荣誉称号。学校快速发展秘诀是什么呢？带着这一问题，惠州日报社记者近日探访了该校。

以文化人篇

传续优秀文化，崇尚"阳光向美"，学校主动发展、高品质发展，彰显"五感"与奋发向上办学活力。

目标文化助力发展。学校发展目标是让党感到放心、让社会感到信心、让学生感到开心、让家长感到安心、让教师感到舒心。

地域文化促进发展。大亚湾秉承惠州"崇文厚德、包容四海、敬业乐群"的城市精神，引进华中师大来惠办校，促成文化融合。

大学文化引领发展。学校践行华中师范大学"忠诚、博雅、朴实、刚毅"

① 本文与惠州日报社记者祁大忠、学校教师刘嘉琪合作，曾在《惠州日报》上发表，标题为《五块特色教育品牌是这样炼成的》。

的校训，首任校长叶祥佳运用周洪宇教授的“阳光教育”理论，形成“阳光引悟”教育品牌，磨炼出教师引领垂范、快乐创业、争先创优、奉献我能的“四种”精神，用六年时间创造了16项市级及以上荣誉的骄人办学业绩。

文化初心铸就发展。2020年8月，接任校长罗晓带领师生开辟“阳光向美”新天地，让“阳光教育”走向美好。美好教育立足教育优质、均衡、公平、开放、全纳，努力让师生享有公平而有质量的教育；着眼于每个师生个体的生命，促进主动发展、全面发展、个性成长，培养具有家国情怀的新时代学生；追求教育适合师生、人民满意、社会认同，让教育带着“颜值”，达到学生喜欢、教师幸福、家长满意、社会认同的美好境界。阳光与美好相遇，正引领师生焕发美好人性、培养美好人格、创建美好教育、拥有美好人生。

如何让学校文化在师生中落地生根呢？如何让学校文化成为师生的自觉行动呢？

培育美好校园文化，活动平台是重点。通过“博学雅行大道至美”读书分享、“教师素养”分组赛、“美好教育”案例征集、讲“红色经典故事”等一系列活动，铸“爱生”师魂，立“敬业”师德，提“博雅”师能。学生围绕“中国梦”“扣好人生第一粒扣子”“做新时代好少年”系列主题活动，引导学生不断从文化积淀、自主发展和责任担当中提升核心素养，践行“请党放心强国有我”的担当使命。开展“童心向党”歌曲、绘画、舞蹈比赛，组织“一起向未来”系列开学典礼、假期综合实践活动，组织体育节、科技节、劳动节、读书节、艺术节。“美丽心灵春夏行”“美丽心灵阳光行”“保护地球接龙行”“读书滋养心灵行”等主题活动从“自我、自然、社会”三个维度培养学生健全人格。在“学党史做雷锋见行动”中，学生将雷锋“八种精神”植根于心，外化于行——文明礼貌的春风精神，团结守纪的大雁精神，诚实纯真的水晶精神，热心服务的孺子牛精神，主动向上的火箭精神，自强勇敢的雏鹰精神，永不服输的钉子精神，勤俭节约的吃苦精神，随处可见，各美其美、至善至美日成校风。

培育美好校园文化，评价导向尤为重要。在教师工作评价中，考核常规工作，质与量的结合、过程与结果结合、个人与集体结合；考核重点工作，进行分项争先创优，上不封顶，激发教师潜能和创造力。在学生学业评价中，有期末学业等级评价，有过程分项评价，如各项竞赛表彰和“六美少年”，还有“文明小学生”“美德少年”等综合性评价，引导学生发现与展示自己的优势，成为自信向美的小学生。

目前，美好教育这粒种子已在学校生根发芽，逐渐开花结果。“博学雅行阳光向美”微信公众号将美好教育理念与实践通过故事的形式具体生动地走进人的心田，利用微视频、小视频呈现“立体形象”，诠释与展示教育的美好。

课程设置篇

建立“四维”美好课程体系，推行“五育并举”“五育融合”“体系育人”，促进学生全面而有个性发展。

课程是落实育人目标的载体，有什么样的课程就有什么样的教育。

为此，学校按照国家课程方案开齐开足国家课程、开好地方课程的同时，把体现地域特点发展学生优势的校本课程纳入日常课表，满足学生发展兴趣爱好的需要。

建立“四维”美好课程体系，五育融合。建设以“身心健康”为内容的美体课程、以“完善人格”为内容的美德课程、以“宽基赋能”为核心的美慧课程、以“创新实践”为核心的美雅课程。

体现“五育并举”实施体系，体系育人。学校在教学长廊展示已开设涵盖心理团辅、体育、音乐、美术、文学、书法、编程等 32 门校本课程的情况，报名参学学生占全校学生近 50%。

2019 年启动足球项目。2020 年底，学校改造了 5 人制人造草坪足球场。与惠州市大江足球俱乐部合作，成功创建全国足球特色学校。目前，学校不仅利用体育课开设足球课程，让学生人人可以学习足球，每学年举行一次足球联赛，还组建了各年龄段的男女足球校队。在“2021 年大亚湾区中小学校园足球比赛”中，首夺全区小学男子足球桂冠，在校园内外引起巨大的反响。

沙画是最受学生喜爱的校本课程。每次这门课程班的学生多达 200 余人。目前，已有 50 多名学生沙画作品在省级以上竞赛中获奖，其中 14 幅沙画作品被“广东省许钦松艺术基金会”永久收藏，指导教师王丹萍荣获广东省第一届“许钦松乡村美术教育奖”。在 2022 年惠州市群众艺术花会（少儿艺术）活动中，熊轩晗同学的沙画作品《追寻梦想》从全市近千件作品中脱颖而出，喜获惠州市美术组“金奖”，位列美术组 5 个金奖第一。在大亚湾区 2020 年中小学生艺术实践工作坊展示活动中，“童心绘梦”沙画艺术工坊荣获一等奖。沙画教师王丹萍申报沙画校本课程课题研究，成为惠州市“十四五”教育规划立项课题。

节假日综合实践课程已经常态化。“我们的节日”序列，引导学生在过节中，了解中华传统节日，传承优秀文化成果。“暑假寒假生活指引”用具体任务带动学生积淀文化、自主发展，如读书练字、体能锻炼、家务劳动、科技环保、发展特长等，引导学生向自然学习、向生活学习、向社会学习、向同伴学习。

健全人格培养的课程已经系统化。心理健康教育全面、全体、全方位落实，学科渗透、课程科普、活动辅导、研学拓展、专项团辅、艺体联动、个人咨询有计划开展。邀请华中师范大学心理健康教育专业苗天长博士到校指导，承办区中小学心理健康教师现场交流培训，3 名教师的心理健康课在市区获奖，3 件心理情景剧荣获市区一等奖。

据不完全统计，仅近两年，学校的校本课程班学生在区级及以上比赛中获奖达 650 多人次，其中围棋班连续两年代表学校参加区青少年围棋比赛，荣获团体一等奖，小白鸽合唱团、舞蹈队、小主持人班、创意绘画班作品多次荣获市区一等奖，各美其美、美美与共，已成为美好教育重要成果。

教师发展篇

建设“德艺双馨、求精求美”干部、教师队伍，共同打造“美好课堂”，做培根铸魂新时代好教师。

共创美好教育的“共”，融合干部、教师、学生、家长和社会力量，用团结的力量，催生奔向美好教育的智慧火花。

班子团结示范是保障。因合作办学的现实需要，学校校长、书记分设，校长坚持组织原则，坚持党的组织领导，确保领导班子凝聚力、战斗力，重大事项先与党支部书记沟通再决策落实。党支部书记充分发挥党组织作用，引导教师克难奋进、积极进取，确保各项工作落实。党政齐心，其利断金。目前，学校领导班子团结，教师关系和谐，形成了干事创业的良好氛围。校级干部带领中层干部坚持“五项修炼”——常怀忠诚之心，把忠诚于党深植于教育；常怀仁者之心，把服务师生践行于始终；常怀公正之心，把公平正义落实于工作；常怀锐气之意，把作为担当贯彻到实际；常怀求真之意，把实事求是贯穿于创新实践。

教师团结奋进是关键。以“信守誓言阳光向美”系列师德教育为引领，以“为党育人、为国育才”为内容，建设“德艺双馨、求精求美”教师队伍。干群“共担当、共创造、共分享”，在计划、组织、指导、考核中形成共同成长的格局。立足共同发展，干部教师放在同框，愿景引发前进动力。实施素养提升工程，带领教师摩课、模课、磨课、悟课（“3M1W”），促进专业发展。解决发展难题，持续推行“青蓝工程”，满足不同教师的价值实现需求。

做好质量管理是硬核。在“双减”背景下，学校实施计划安排、组织实施、检查督学、反馈评价闭环管理，在关键处下功夫。

提高集体备课质量，大力推行集智备课制。三级集智备课制是每单元1小时、每周30分钟、每天10分钟，时间年组自选，线上、线下结合，以效果为先，做到“六落实”，即时间、地点、人员、内容、流程、任务落实。

增进教学经验交流，认真落实华师督学。督学是华师合作办学质量保证体系的重要一环。学校自开办以来，每学期本部都会选派位于武汉市的华师附小各学科的特级教师、高级教师到校督学，坚持听1节课、评1节课、上1节课、说1节课，坚持线上、线下结合，坚持新教师与专家同课异构、集体备课、深度交流，快速提高了新课堂教学水平，全校已有10余位教师的优质课在市级以上评比中获奖。

基于目标与发现的问题，持续开展课题研究。学校持续开展美好教育之“人人研讨课，天天研讨课”，“教学课题研究月”参与率100%。研讨课常态化，课堂教学中的问题得到及时发现、及时解决。“双减”政策实施后，作业的设计尤为重要，学校通过教师作业设计比赛，引导教师作业设计把握科学性、突出生活性、体现差异性、彰显多元性、力求创新性。现在，遵从顺应天性、呵护个性、舒展灵性、植养品性的美好教学原则已经成为全体教师的共识和不懈努力的方向。

学校建设篇

着力美好校园生态营建，重视与社会和家长互动，建设美丽校园、智慧校园、平安校园、健康校园。

学校内外环境互动与优化，是共创美好教育的有力保障。

内部自然环境和育人环境有机融合，建设“四品”校园。校园环境净化、绿化、美化、亮化和立体化、精致化、童趣化同步建设，形成以绿色为基调，符合学校实际，体现学段特色，总体风格一致，有儿童品相、书香品味、生态品质、美丽校园。美化“青少年宫”和班级环境，每月举行班级文化评比交流，展示各班特色。

优化信息技术 2.0 与教育融合环境，建设“智慧”校园。每位教师在“微校”、校园公众号、QQ 群运用希沃平台进行教育教学和管理，形成集教育性、知识性、服务性、数字化为一体的智能、自能教育与管理环境。本校教师两次为全区承担信息技术与学科融合现场交流会，2 名教师的信息技术与学科融合典型案例还分获广东省奖项。

校外环境与“家校共育”同行，建设教育“共同体”。定期举办“美好教育讲坛”，组建“家校社共育”同盟，形成美好教育共同体。完善校、年级、班级家委会组织，发挥其参与学校管理与服务的作用，完善家委会工作机制，办好家长学校，密切与家长的沟通。利用华中师范大学北京研究院党波涛教授的“新父母课堂”和“慧家教”平台的专家，引导家长和教师打好配合，家庭成员之间做好组合，家校社资源搞好整合，共同促进学生成长。

社会环境与“综合治理”齐抓，建设平安健康校园。以惠州市最小应急单元的实施为契机，以学校为圆心，以社区为阵地，以法制副校长、健康副校长为两翼，定期邀请综治站等成员单位到校调研、检查校园周边环境，请兼职副校长到校作专题法治、健康辅导，提出整改项目，年年有新成效。

人文环境与“师生关爱”行动同步，建设和谐美好校园。将更多善意与温暖体现在校园每个场景、流程、细节，让学校没有一个局外的人，没有一个掉队的人，没有一个受冷落的人，没有一个被遗弃的人，人人体悟“此处心安是吾乡”，校园成为“最美现象”发源地。

八年剑出鞘，奋力向美好。一张蓝图绘到底，瞄准目标接续干，华中师大亚湾附小收获了美好的今天，也必将开创更加美好的未来！

3. 美好教育提质增效[①]

2021年5月，习近平总书记主持召开中央全面深化改革委员会第十九次会议时指出："减轻学生负担，根本之策在于全面提高学校教学质量，做到应教尽教，强化学校教育的主阵地作用。"

2021年7月，《中共中央办公厅 国务院办公厅关于进一步减轻义务教育阶段学生作业负担和校外培训负担的意见》再次指出："着眼建设高质量的教育体系，强化学校教育主阵地作用。"

为守住学校教育主阵地，努力打造美好教育，学校通过创建美好课堂、开设美好课程、实施美好培训、创设美好环境、完善美好管理，持续赋能提质增效。

一、创建美好课堂

提质增效，着力点在课堂，落脚点也在课堂。没有高效率的课堂，就不可能有轻负担的学习，更不可能有高质量的效果。为此，我们抓住课堂主阵地，着力创建美好课堂。

什么样的课堂是美好课堂？我们认为，美好课堂首先是目标精准的课堂，无论是教师的教还是学生的学，目标都十分清晰而准确，具体而易于检测。其次，美好课堂必须是以生为本的课堂，课堂上学生能自主学习、独立思考、完美表达。最后，美好课堂还必须是高效达成的课堂，课堂上做到精讲精练、精讲多练，即时反馈，即时评价，即时巩固，学习目标达成度高。

为了创建美好课堂，我们每学期组织开展一届课题研讨活动，学科组选派教师代表执教研讨课，围绕美好课堂标准开展专题研究。日前，为期一个月的第15届课题研讨活动刚刚落下帷幕，8位教师各展风采，为全校教师提供了范本。为扩大覆盖面，2020年9月以来，我们还大力开展"人人研讨课，天天研讨课"美好课堂创建活动，每周每学科由一位教师执教组内研讨课，全体组

---

① 本文曾在"校长传媒"微信公众号上发表，后收录于《新时代思想政治工作创新与实践》，原标题为《打造美好教育，赋能减负提质》。

员从集体备课到集体听课、集体评课，人人参与，全程参与，共同进步。

二、开设美好课程

课程是教学改革的主要载体，也是实现教育目标的重要载体。有什么样的课程，就有什么样的教学改革，就培养什么样的人。为培育美好学生、打造美好教育，让学生人人拥有美好校园生活、个个拥有美好校园回忆，让学生阳光向美、博学雅行，在深化课程改革中，我们在开好国家课程、地方课程的同时，充分挖掘教师自身的潜力，积极引进校外资源，大力开设美好校本课程。

一是以“身心健康”为核心的美心课程，包括足球、篮球、乒乓球、跆拳道、武术等课程。

二是以“宽基赋能”为核心的美慧课程，包括舞蹈、合唱、绘画、国画、管弦乐、古筝等课程。

三是以“创新实践”为核心的美雅课程，包括电脑编程、电脑绘画、手工剪纸、沙画等课程。

四是以“完善人格”为核心的美德课程，包括小主持人、朗诵、书法、围棋等课程。

本学期开学后，我们在过去的基础上再接再厉，开设校本课程种类实现翻番，达到 34 门，参与学生占全校学生总数的 60%以上。同时，在开设时间上，除了以往每周 2 节的校本特长课，还在每天课后服务的第二时段开班上课，既扩大了学生参学覆盖面，又满足了学生个性化需求，一生一课表、人人有特长正在逐步成为现实。

通过努力，沙画特色课程取得重大突破，继在大亚湾区 2020 年中小学生艺术实践工作坊展示活动中荣获一等奖后，14 幅学生沙画作品在广东省文化馆、广东省教育；基金会等单位联合主办的“许钦松乡村美术教育奖”成果展展出并收藏；围棋课程再创佳绩，荣获 2020 年全区中小学生围棋比赛团体总分第一名；足球特色课程进入课堂，年级联赛盛大启航，4 名学生入选惠州市青少年足球队训练营；舞蹈课程、诵读课程、合唱课程等多个课程班学生在区级及以上大赛中获一等奖。

三、实施美好培训

国务院副总理孙春兰指出：“教师是教育发展的第一资源。教师是学校教育的主体，也是影响教育质量的关键因素。”因此，提高教育质量，必须提高教师队伍素质，必须加大对教师的培训。

为了实施美好培训，我们面向教师开展了培训专题调研和座谈，了解教师对培训的现实需求和培训建议。为此，我们根据教师的现实需求发力。

1. 科学选定培训内容。根据教师的反馈，本学期开学初，我们把教材解读作为培训的重中之重，教材解读培训，教师参训率达 100%；对新入职教师，则启动实施“青蓝工程”，通过学校给新教师结对子、派师傅，让他们尽快熟悉教育教学工作。

2. 合理安排培训时间。教师培训需要静心安心，只有这样才能确保训有所获。为此，我们在学期开学前的预备周，组织教师开展集中培训，把“双减”政策、课后服务等政策及时传递给每一位教师。同时，利用每周教师例会，对教师进行相关专题培训，确保各项工作有序推进，落到实处。

3. 灵活选择培训方式。针对培训内容，在疫情防控趋紧的情况下，我们除了采用线上培训、现场报告外，还采取以赛代训等方式。如开学前的教师专业发展培训，我们对教师专业阅读、教学基本功、学科知识等培训则采取了比赛的方式，取得了很好的效果。根据华中师范大学教育集团的统一安排，我们还启动了在线督学活动，通过同课异构、互听互评，教师的教育教学水平和能力得到不断提升。

4. 开展角色互换培训。近年来，通过承担全区新进教师入职培训，接受区内兄弟学校教师到校跟岗培训，承办全区教师信息技术与学科融合培训现场会、全区中小学心理健康教育交流活动、全区学生体质监测智能化现场观摩等，占学校教师总数近 50%的教师由学员变成导师，在指导他人的同时提升教师自己。

通过近年的培训，一批名优教师脱颖而出，2021 年共有 1 名教师被表彰为“南粤优秀教师”，1 名教师评选为惠州市“头阵计划”班主任团队主持人，3 名教师受到市教育局表彰，6 名教师受到区宣教局表彰，名优教师人数位居全区前列。

四、创设美好环境

美好的教育一定既是轻负担的教育，同时也是高质量的教育。

美好教育需要美好的环境，美好的环境才能成就美好的教育。鉴于此，我们努力创设美好环境，为美好教育保驾护航、添砖加瓦。

1. 从硬件着手，持续改善办学条件。落实“双减”政策，开展课后服务，必要的教学条件不可或缺。为此，我们积极争取上级主管部门和学校合作方龙光集团的大力支持，加大硬件建设改造力度，校容校貌发生根本性改变。信息技术设施设备更新迭代，共重新配置电脑153台，保障信息技术教学及教师办公需要，安装教室、楼梯摄像头100余个，实现校园监控无死角；体育场地旧貌换新颜，翻新改造了校园田径场、篮球场、室内乒乓球室，新建了高标准的5人制足球场；心理健康硬件全面改善，新建心理健康长廊、心理健康团辅室、心理咨询室等，为我校摘取“广东省心理健康教育特色学校”提供了有力保障；增建了教学楼楼梯，为学生安全上下楼道创造了条件。

2. 从软件发力，努力构建共育环境。定期召开家委会，根据工作需要实时召开年级家长会，让家长参与学校治理，赢得家长的理解、支持、配合、协作。与周边初中学校及幼儿园，组织开展“从美好走向美好”的小初衔接、幼小衔接主题共育活动。会同龙光社区先后组织开展了致敬母亲节、童心向党等系列主题教育活动，彰显家社共育新活力。

3. 从服务起航，助力和谐家庭建设。成功的学校教育背后一定有良好的家庭教育，没有良好的家庭教育不可能有成功的学校教育。我们深知这一教育规律。在课后服务前，绝大多数家长和孩子为了作业往往剑拔弩张，而开展课后服务后，家长和孩子的关系变得圆润和谐。教师功不可没，牺牲良多。在课后服务、“双减”政策出台后，我们在全区率先学习、率先谋划、率先试点、率先落实。2021年7月上旬刚放暑假，我校便作为全区三所试点学校之一，开展暑期托管服务，学校没有收取任何费用，党员干部义务看管。9月1日开学第一天放学后，我校课后服务正式开展，至今已经两月有余。虽然教师们的负担更重了，也没有领取任何补助，但得知学生家庭关系因此而和谐融洽，无不倍感欣慰。

五、推行美好管理

管理出效益，管理出生产力。美好管理出美好效益，美好管理出美好生产力，美好管理出轻负担、高质量的生产力。

1. 夯实常规管理。管理既要抓结果又要抓过程，过程决定结果。为减轻学生负担提高教学质量，我们制定出台了《关于优化教学常规管理激发教师内生活力切实提高教学质量的意见》，此稿刊发在中国教育报刊社、中教传媒智库主办的《教育改革情报》上。加强备课管理，设置学科备课组，强化集体备课；实行分类辅导，开展非文字学科培优和语数英学科辅弱，确保时间、地点、对象、内容“四落实”；推行“入室即静，入座即学”，营造浓厚学习氛围；课后开放体育场地，满足学生运动需求；加强家校沟通，保障学生睡眠时间。通过努力，确保学生体质、睡眠等“五项”管理落到实处。

2. 突出作业管理。“双减”政策提出的工作目标是：学校教育教学质量和服务水平进一步提升，作业布置更加科学合理……鉴于此，为确保作业布置数量质量和完成时限不超过 60 分钟，我们对作业布置实行“四个一”：班级每天一次公示，在黑板上公布当日作业总量；备课组每周一次研讨，确定各学科每天作业内容；年级组每周一次协调，审定每天学科作业时间；学校每月一次检查，着重评价各位教师作业布置的科学性、合理性。同时，根据课后服务开展后学生作业校内完成的实际，我们为学生布置了每周德育主题教育家庭作业、每周体质测试项目训练家庭作业、每周亲子阅读家庭作业及每周居家劳动实践家庭作业等，通过读一读、说一说、练一练、做一做，全面提升学生综合素养，促进学生德智体美劳全面发展。

3. 创新评价管理。为促进教师专业发展，提高教师专业素养，切实保障教育教学质量的逐步提高，我们以惠州市课题为依托，开展教师专业发展“十星级”评价研究，通过构建全面的评价内容、制定科学的评价体系，定期开展自评、互评、总评，有效地促进了教师专业素养的提升。评价内容包括师德师风、关爱生命、学科素养、专业阅读、课堂教学、信息技术、评价反思、沟通合作、科研创新、教育质量十个方面，按照正面清单应达到和负面清单不允许两个方面制定具体详细的规定。在首次举行的教师专业发展“十星级”评价中，获评为六星及以上的教师 35 人，占比 56%，其中获评十星的教师有 7 人。

4. 立足课堂追求美好[①]

近年来，我们在大力践行美好教育办学理念中，以提质增效为目标，以课堂为抓手，着力创建美好课堂。

一、制定美好课堂评价标准

美好课堂教学评价标准主要包括以下三个方面。

首先，美好课堂是目标精准的课堂。无论是教师的教还是学生的学，目标都要求十分清晰而准确，具体而易于检测。

其次，美好课堂是以生为本的课堂。课堂上学生能自主学习、独立思考、完美表达。不关注学生的教师是不合格的教师，不关注学生的课堂肯定是不合格的课堂。学校要求教师始终把学生、把学生的学习摆在教育教学的第一位。

最后，美好课堂是高效达成的课堂。课堂上做到精讲精练、精讲多练，即时反馈、即时评价、即时巩固，才能学习目标达成度高。

在此基础上，学校突出强调教师要坚持依标导学，确保目标落到实处。

二、构建美好课堂基本架构

教学在改革，即改理念、改内容、改方式，但教学的基本规律是不变的，一堂新授课，一般都具备导入、新授、巩固与拓展，只不过在每个环节中，教师教学方式、教学方法的选择有所不同，如表 1 所示。

表 1　教学各环节的教学方式

	教师	教材	学生
导入	激趣 引路	链接教材 体验教材	明标乐学 自主学习

① 本文与罗晓合作，曾在中国教育报刊社、中教传媒智库主办的《教育改革情报》上发表，原标题为《践行美好教育，创建美好课堂》。

续表

	教师	教材	学生
新授	搭台 点拨	研读教材 领悟教材	交流展示 深思改进
巩固	小结 导练	回归教材 深悟教材	重组生成 内化练习
拓展	引疑 链接	超越教材 搜集素材	综合实践 跨界新域

在导入环节，教师营造宽松愉悦、目标明确的“信息共生场”，创设独立学习、感受领悟的“自主体验场”。在新授环节，组建交流讨论、充分表达的“实践演练场”，教师建构生发新知、深思改进的“知识探究场”。在巩固环节，搭建展示成功、张扬个性的“成果展示场”，建立学以致用、举一反三的“技能提升场”。在拓展环节，教师营建消化吸收、重组内化的“灵魂升华场”，引领打开视野、尝试新域的“跨界学习场”。教师的主要任务是点燃、点拨、点评、点明中激趣、导学、引用、拓界，学生的主要任务是在自学、自探、自悟、自用中明标、求知、善用、知新。

三、搭建美好课堂创建平台

一是搭建集体研修平台。集中研修与分散研修相结合，开学前组织全体教师集中学习美好课堂的基本理论、评价标准、实施策略等，然后分学科开展教材解读培训，拟定学期美好课堂的创建目标与工作安排。平时以学科教研组为单位，每周集中半天时间开展学科研修，把美好课堂创建融入集体备课中。

二是搭建人人实践平台。学校组织开展“人人研讨课，天天研讨课”活动，以学科组为单位，从周一到周五每天一个学科教研组开展美好课堂组内观摩活动：周一下午数学学科，周二上午体育学科，周二下午低段语文，周三上午音乐美术学科，周三下午高段语文，周四上午音乐学科，周四下午英语学科，周五上午综合学科。通过组内教师每周听课评课，夯实了美好课堂创建基础。

三是搭建对外展示平台。学校利用华中师范大学合作办学平台的定期督学活动机会，采取同课异构方式与平台兄弟学校教师交流美好课堂新成果。

配合协助区宣教局承担区内新教师的入职培训、全区性信息技术与学科融合、心理健康教育、智能化体质监测等专项展示交流活动。此外，学校每学期还组织开展一届课题研讨活动，学科组选派教师代表执教研讨课，围绕美好课堂开展专题研究，至今已经组织 19 届，一大批教师在活动中脱颖而出。

5. 从问卷看“双减”展示新变化①

——华中师范大学附属惠州大亚湾小学“双减”问卷调查报告

“双减”政策出台四月有余，课后服务也落地近三个月。本学期开学以来，我校及时传达，全面部署，狠抓落实，取得了一定的成绩。为切实了解学校“双减”工作部署落实情况，11月下旬，学校组织了一次面向学生的关于“双减”政策的问卷（附文末）。现将具体情况综述如下。

一、问卷概况

1. 问卷内容。本次问卷共16题，内容包括“双减”带来的学习变化、教师变化、作业变化、批改变化等。

2. 问卷对象。本次问卷对象为2—6年级学生。问卷采取抽样方式进行，全校共25个班级，每班按照优、中、差三类各抽取（推荐）1名学生参与调查，共75名学生参与了问卷调查。

3. 问卷回收。11月26日下午2时，学校组织全体参与问卷学生集中在学校报告厅进行独立问卷。本次共下发问卷75份，回收问卷75份。从问卷反馈情况看，问卷全部真实有效。

二、问卷结果

1. 学生对本学期实施“双减”政策以来感受最大的是作业可以每天在校内完成，约占54%；其次是“可以参加课后兴趣课程了”，约占24%；认为“作业比上学期少了”的，约占17%；仅5%的学生认为“没有太大的变化”，如图1所示。

2. 学生对本学期实施“双减”政策以来老师的变化明显，同上学期相比，73%的学生认为教师教学态度“更加认真”、65%的学生认为教师要求

---

① 本文曾在中国教育报刊社、中教传媒智库主办的《教育改革情报》上发表，原标题为《从问卷看“双减”带来的新变化》。

“更加严格”，认为“没有上学期认真、严格”的仅占 2%、7%，如图 2 所示。

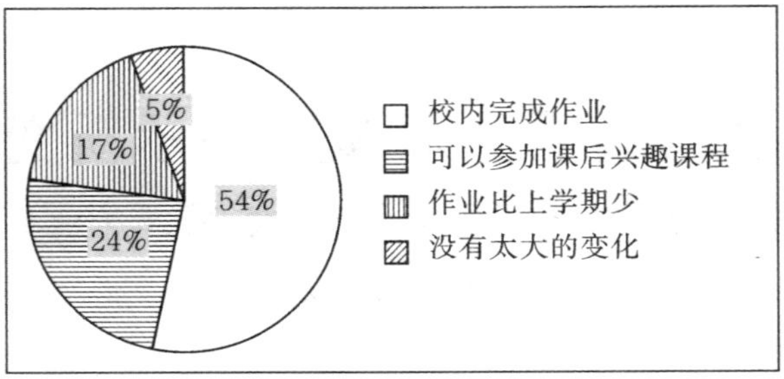

图 1　本学期学习的变化

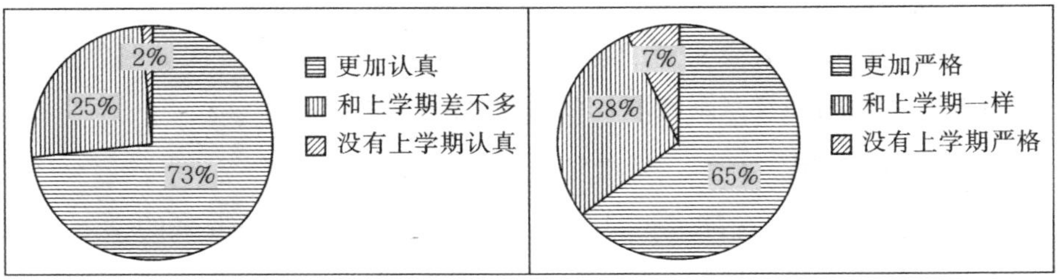

图 2　老师的上课态度与对学生的要求

3. 学生对课后服务时间作业完成情况显示，46%的学生每天都能在课后服务时间完成作业，47%的学生认为大多数时候能够在课后服务时间完成作业，仅有 7%的学生认为课后服务时间每天都不能完成作业，如图 3 所示。

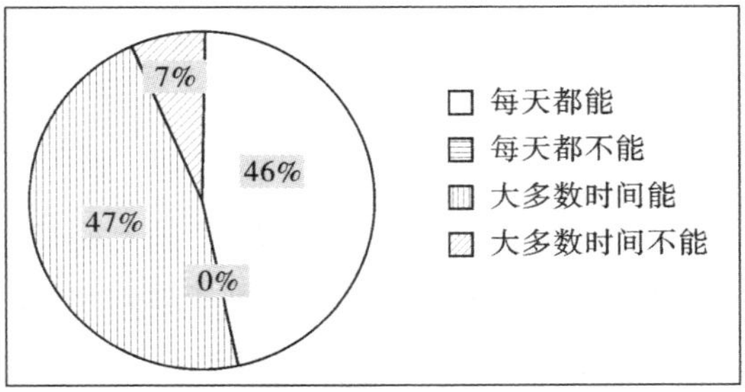

图 3　课后服务时间完成作业情况

4. 学生对“双减”政策实施后作业的感受是：作业最多的学科是语文，约占 63%；其次是数学，约占 19%；同时，认为本学期学科作业中，语文、数学、英语作业比上学期减少的各占 52%、40%、40%，增加的各占 17%、15%、19%，其他的认为没有变化，如图 4-7 所示。

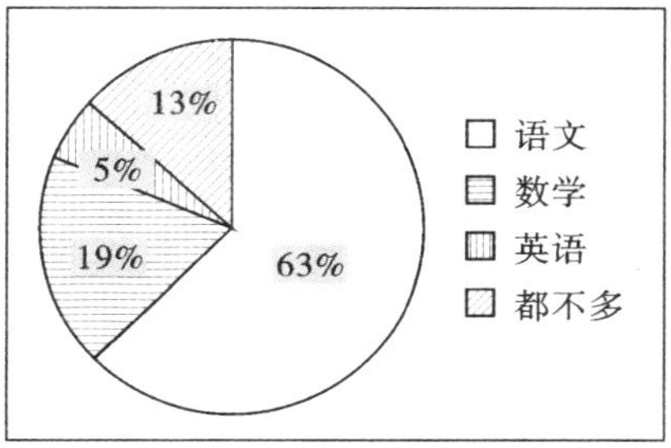

图 4　作业最多的学科

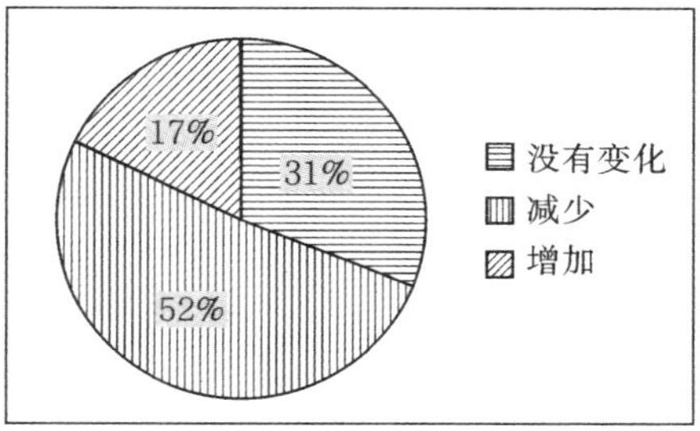

图 5　语文作业的变化

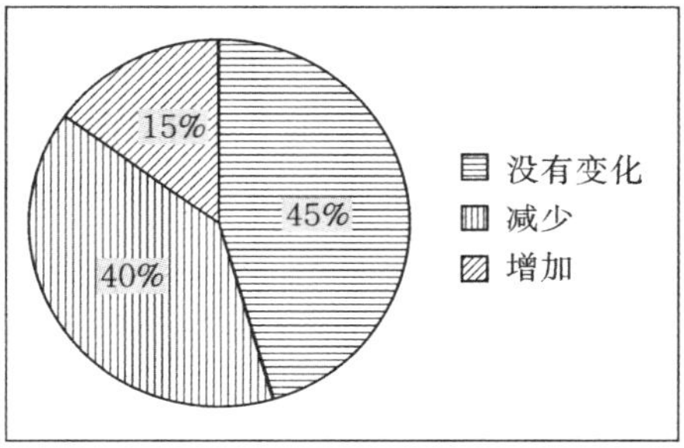

图 6　数学作业的变化

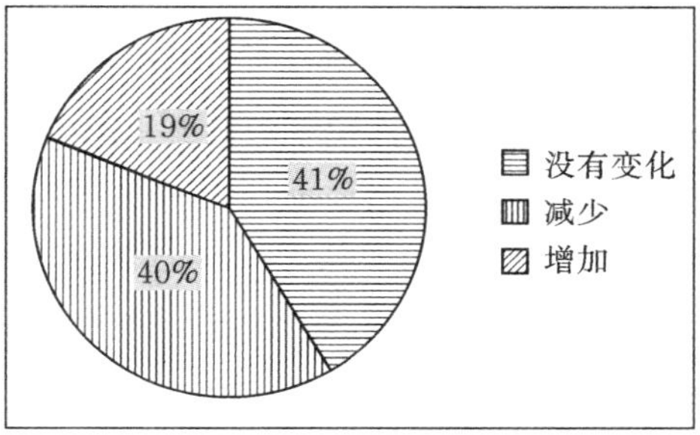

图 7　英语作业的变化

5. “双减”政策实施后学生回家后最普遍的家庭作业依次为阅读、运动、家务劳动、预习、背诵，各有 63 人次、58 人次、49 人次、46 人次、42 人次，分别占比 84%、77%、65%、61%、56%。完成家庭作业所需要时间显示，46%的学生在 30 分钟以内，40%的学生在 30—60 分钟之间，13%的学生在 60—90 分钟之间。67%的学生认为家庭作业中耗时最长的学科为语文，27%的学生认为家庭作业中耗时最长的学科为数学，如图 8-10 所示。

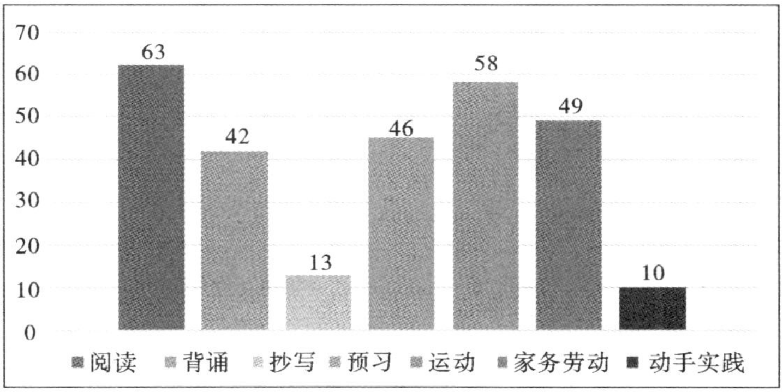

图 8　家庭作业类型

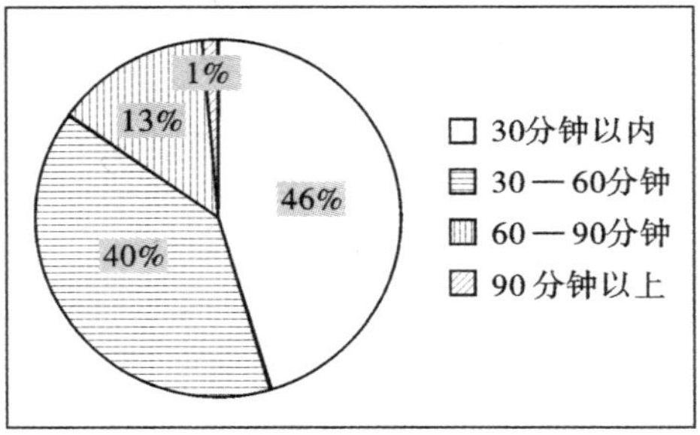

图9　家庭作业时间

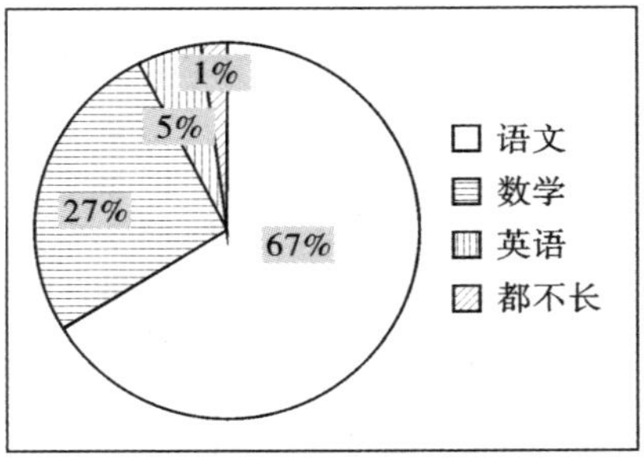

图10　家庭作业耗时最长的学科

6. “双减”政策实施后76%的学生反馈教师批改作业采取了等级评价，48%的教师在等级评价的基础上同步给予“评语评价”，教师作业每次及经常面批面改的约占37%，经常详批详改的约占71%，对作业中的错误要求学生订正的约占99%，其中订正后教师二次批改的约占71%，如图11-14所示。

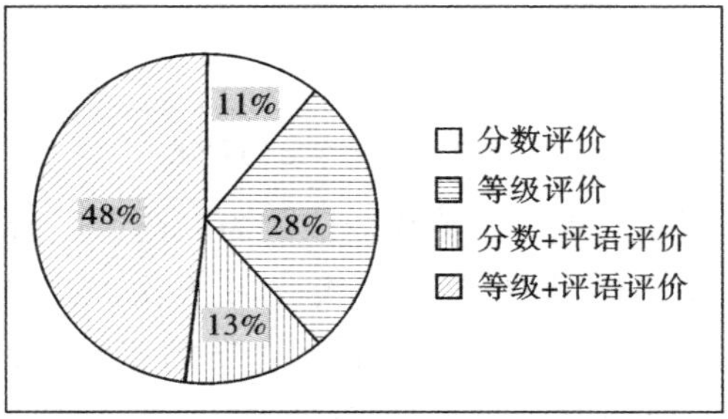

图11　作业评价方式

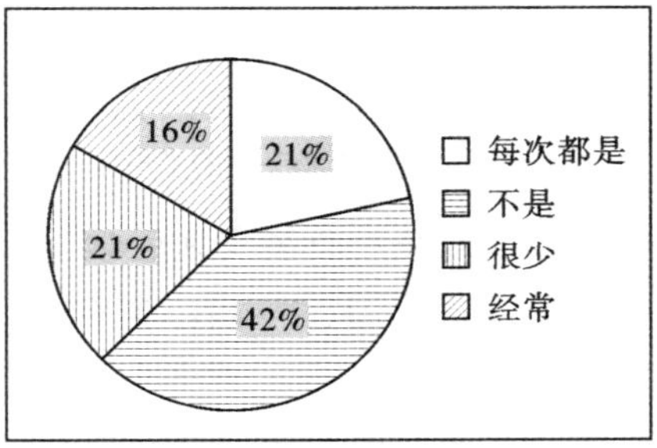

图12　作业面批面改频率

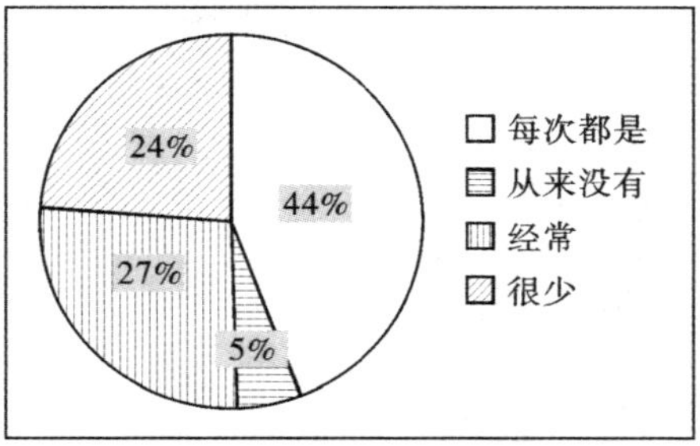

图13　作业详批详改频率

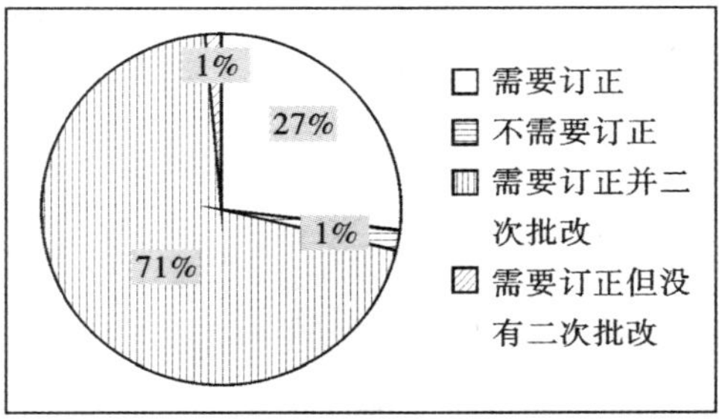

图14　作业订正及二次批改要求

三、问卷分析

根据上述问卷结果，我们既可以看到“双减”政策带来的积极变化，同时也暴露出我们存在的问题与不足。积极变化主要有以下几点。

1. 书写作业校内完成。“双减”实施的主要路径之一是“提升学校课后服务水平，满足学生多样化需求”，其中主要需求就是“指导学生认真完成作业”。调查显示，“双减”后学生感受到的最大的变化是“书写作业每天在校内完成”（约占 54%），超过排第二的“可以学习更多兴趣课程”约 30%。而课后服务时间作业完成情况数据也显示：94%的学生“基本能够在课后服务时间完成作业”。

2. 教师责任心不减反增。“双减”政策实施以来，课后服务的开展普遍加重了教师的工作负担，但从学生的反馈看，教师们的责任心不仅没有减弱，反而进一步增强。数据显示，74%的学生认为教师教学态度更加认真，65%的学生认为教师对学生要求更加严格。这一数据充分证明我们的老师是一支爱岗敬业、追求美好的优秀教师队伍。

3. 学生作业有“减”有“增”。“减”的是学科类书写作业，“增”的是阅读、运动、劳动等人文类作业。调查显示：52%、40%、40%的学生分别认为语文、数学、英语作业比上学期减少；84%、77%、65%、61%、56%的学生反馈增加的家庭作业依次为阅读、运动、家务劳动、预习、背诵，虽然家庭作业增加了，但完成的时间控制的还是比较好的，接近 90%的学生完成作业时间在 60 分钟以内。

4. 作业批改更加认真。“双减”政策全施之后学生作业数量减少，教师批改作业更加认真。调查显示：98%学生反馈“教师对作业中的错误要求学生订正”，71%学生反馈“教师要求订正后二次批改”，接近 40%的学生反馈“教师能经常面批面改学生作业”。由此可见教师十分重视学生作业订正和二次批改，力争通过作业的订正和二次批改狠抓教学任务落实，狠抓每一位学生落实。

这些积极变化让我们看到教师执行政策有力度、落实政策有行动，看到教师“双减”不减质量、“双减”不减责任的坚守，也看到了“双减”中的不足与隐忧：

一是作业减量需要加大力度。超过一半的学生认为语文、数学、英语作业和上学期比没有减少，课后服务时间能够每天完成作业的学生也不足一半，虽然90%以上的学生基本能每天在课后服务时间内完成作业，但很多是以牺牲兴趣特长课的时间为代价的。

二是语文作业需要提质优化。无论是书写作业还是回家后的家庭作业，均有超过60%的学生认为语文作业最多，这一点不得不引起我们语文教师的高度重视和认真思考，语文作业如何优化才做到减少数量的同时提高质量，需要作为一个课题进行专题研究。

三是作业批改有待持续提升。作业批改不太规范，四分之一的学生反馈教师仍然没有使用等级评价而使用的分数评价，而30%的学生反馈教师批改作业没有做到详批详改。

“双减”已经被列为当前教育部“一号工程”，也就是我们学校、我们每一位教师的“一号工程”。面对成绩，我们丝毫不敢懈怠，面对问题，我们唯有迎难而上，在“双减”政策的大道上奋勇向前！

附件：

《华中师范大学附属惠州大亚湾小学“双减”背景下作业管理、课堂教学情况专项问卷》

亲爱的同学：

本学期来，你感受到的最大变化是什么？作业不需要回家做了，兴趣特长课程也比此前多了。是这样吗？为了全面了解“双减”政策实施后同学们的感受，进一步做好学校的“双减”工作，提高课堂学校教育质量，请同学们根据自己的实际感受完成下面的问卷。

1. 本学期，你觉得学校最大的变化是（　）

A. 作业在校内完成

B. 可以参加课后兴趣课程

C. 作业比上学期少

D. 没有太大的变化

2. 本学期，你的老师上课比上学期（　）

A. 更加认真　　B. 和上学期差不多　　C. 没有上学期认真

3. 本学期，你的老师对同学们的要求和上学期比（　）

A. 更加严格　　B. 和上学期一样　　C. 没有上学期严格

4. 本学期，课后服务时间你能完成各学科老师布置的作业吗？（　）

A. 每天都能　B. 每天都不能　C. 大多数时间能　D. 大多数时间不能

5. 本学期，你感觉作业最多的学科是（　）

A. 语文　　B. 数学　　C. 英语　　D. 都不多

6. 本学期，你感觉语文学科作业类型、数量和上学期比（　）

A. 没有变化　　B. 减少　　C. 增加

7. 本学期，你感觉数学学科作业类型、数量和上学期比（　）

A. 没有变化　　B. 减少　　C. 增加

8. 本学期，你感觉英语学科作业类型、数量和上学期比（　）

A. 没有变化　　B. 减少　　C. 增加

9. 本学期，除了周末，平时回家还有哪些作业需要完成？（　）（多选）

A. 阅读　　B. 背诵　　C. 抄写　　D. 预习　　E. 运动

F. 家务劳动　　G. 动手实践　　H. 其他（填写具体名称）

10.（1）本学期，你回家后每天完成老师布置的作业大概需要（　）分钟

A. 30 分钟内　B. 30—60 分钟　C. 60—90 分钟　D. 90 分钟以上

（2）其中花费时间最多的学科是（　）

A. 语文　　B. 数学　　C. 英语　　D. 都不长

11. 本学期，你们班级各学科有（　）套作业资料

A. 语文数学英语各只有 1 套　　B. 只有语文 2 套

C. 只有数学 2 套　　D. 只有英语 2 套

E. 语数都有 2 套　　F. 语英都有 2 套

G. 数英都有 2 套　　H. 语数英都有 2 套

12. 本学期，你的作业在校完成后，老师是和你一起面批面改的吗？（　）

A. 每次都是　　B. 不是　　C. 很少　　D. 经常

13. 本学期，你的作业完成后，老师是怎样评价的？（　）

A. 分数评价　　B. 等级评价　　C. 分数＋评语评价

D. 等级＋评语评价

14. 本学期，老师需要你订正做错的作业吗？（　）

A. 需要订正　　B. 不需要订正　　C. 需要订正并二次批改

D. 需要订正但没有二次批改

15. 本学期，你的作业每次老师都能做到详批详改吗？（　）

A. 每次都是　　B. 从来没有　　C. 经常　　D. 很少

6. 整本书阅读：方法与策略[①]

关于整本书的阅读，叶圣陶先生在《论中学图文课程的修订》中指出："国文教材似乎该用整本的书，而不该用单篇短章，像以往和现在的办法。退一步说，也该把整本的书作主体，把单篇短章作辅佐。"

随着新课程改革的不断深化，"整本书阅读"被纳入《义务教育语文课程标准（2022 年）》（后简称《课标》），成为一个拓展型语文学习任务群之一。它是对语文课程中单篇阅读、群文阅读的必要补充与提升，是培养学生终身阅读能力的必由之路，也是全面提升学生语文课程核心素养的必然要求。

在实施"双新"（新课程方案、新课程标准）和落实"双减"的大背景下，小学语文教学中如何推进整本书阅读，这是我们每位小学语文教师需要思考的重大问题。对此，笔者在学习、实践中有几点思考，与大家一起分享。

小学生整本书阅读：为什么？

对于整本书阅读这个新生事物，或者说这个新要求，在大家热议的过程中，我们不能人云亦云，更不能随流盲从，需要有我们自己的思考。我以为，只有抓住了"整本书阅读"的目标的"牛鼻子"，我们才能"牵一发而动全身"。因此，厘清"整本书阅读"的目标既重要，又必要。

那么，在义务教育小学阶段，整本书阅读究竟是为了什么呢？我们不烦先来看看《课标》是怎样描述其学段目标的：

1—2 年级：尝试阅读整本书，用自己喜欢的方式向他人介绍读过的书，养成爱护图书的习惯。

3—4 年级：阅读整本书，初步理解主要内容，主动和同学分享自己的阅读感受。

5—6 年级：阅读整本书，把握文本的主要内容，积极向同学推荐并说明理由。

---

① 本文曾在"校长派"微信公众号上发表，原标题为《小学语文整本书阅读：为何读？读什么？怎么读?》。

从这些具体化的目标中，我们其实可以寻找到体现它们共同点的关键词，如喜欢、主动、积极等。这次词语凸显整本书阅读的重要使命：让学生爱上阅读！让学生学会阅读！

让学生爱上整本书阅读，就是引导学生从尝试整本书阅读到喜欢整本书阅读，最后养成整本书阅读的良好习惯。如果学生做到书不离手，闲即阅读；如果学生一日不读书，总感觉缺少点什么；如果学生向往书房，沉迷书海，那就足以说明：学生已经爱上了阅读，爱上了整本书阅读！

让学生学会整本书阅读，这是一个循序渐进的过程，绝非一日之功。但学生要真正从整本书阅读中有所收获，仅仅爱上整本书阅读是不够的，需要掌握整本书阅读的有效甚至高效的方法，真正学会整本书阅读，通过分享整本书阅读感悟来获得成就感，才能达到事半功倍的效果，才能实现读有所获、读为我用！

当小学生爱上阅读、学会阅读后，整本书阅读的副产品——获取更多的知识将与之相生相伴，自然而然地产生！

因此，推进小学生整本书阅读，必须坚持素养导向，其首要目标是让学生爱上阅读，其次是学会阅读，最后才是通过阅读丰盈自我！绝不是急功近利地坚持知识导向，以获取更多知识、开拓自身视野、提升阅读能力为第一目标。

小学生整本书阅读：读什么？

朱光潜先生曾说过："书是读不尽的，就读尽也是无用，许多书都没有一读的价值。多读一本没有价值的书，便丧失可读一本有价值的书的时间和精力；所以须慎加选择。你自己自然不会选择，须就教于批评家和专门学者。"

小学生年龄小，识字量少，选择能力也比较弱，不会选择阅读的书目，如果不加以指导，不重点推荐，学生就会迷失方向。阅读的书籍没有意义、没有价值，等于浪费了宝贵的读书时光。

《课标》"学业质量标准"中指出：1—2 年级评价重点是让学生喜欢阅读图画书、儿歌、童话、寓言等，在阅读过程中能根据提示提取文本的显性信息，愿意向他人讲述读过的故事，乐于向他人展示自己的作品；喜欢积累优美的词句，并尝试在口头和书面表达中运用。愿意为他人朗读自己喜欢的语段；喜欢读古诗，能熟读成诵；喜欢阅读故事，并与他人讨论。喜欢在学校、社区组织的朗诵会、故事会、课本剧表演等活动中展示。

3—4 年级是学生喜爱阅读童话、寓言、神话等，在阅读过程中能提取主要信息，能复述读过的故事，概括文本内容，根据自己的阅读理解提出问题并与他人交流；乐于和他人分享阅读所得。乐于参与读书交流活动，主动阅读成语故事、寓言故事、神话故事、革命英雄故事等叙事性作品，能向他人讲述主要内容；能用自己喜欢的形式记录阅读感受与生活体验。

5—6 年级是学生独立阅读散文、小说、诗歌等文学作品，在阅读过程中能获取主要内容，能与他人分享阅读作品获得的有益启示，有意识地运用积累的语言进行口头或书面表达。

鉴于以上要求，小学生整本书阅读的重点内容：1—2 年级以图画书、儿歌、童话、古诗、寓言等作品为主，3—4 年级以成语故事、寓言故事、神话故事、革命英雄故事等叙事性作品为主，5—6 年级以散文、小说、诗歌等文学作品为主。具体阅读内容可以参照教育部 2023 年推荐的小学生必读书目：

一年级

1.《成语故事精选》（注音本）中国少年儿童出版社

2.《安徒生童话》（丹麦）安徒生著/任溶溶译/浙江少年儿童出版社

3.《中国童话故事精选》北京大学出版社

二年级

1.《格林童话集》（德）格林兄弟著/杨武能译/季羡林主编/中国书籍出版社

2.《叶圣陶童话》叶圣陶著/人民文学出版社

3.《张天翼儿童文学全集》张天翼著/中国少年儿童出版社

4.《长袜子皮皮》林格伦著/李之义译/中国少年儿童出版社

三年级

1.《伊索寓言》（古希腊）伊索著/中国书籍出版社

2.《中国寓言故事精选》曹文轩编/北京大学出版社

3.《天方夜谭》王瑞琴译/人民文学出版社

4.《我要做个好孩子》黄蓓佳著/江苏凤凰少年儿童出版社

5.《中国历史故事精选》北京大学出版社

6.《小学科学知识故事》（中年级）曹文轩编/江苏文艺出版社

四年级

1.《中华美德故事精选》北京大学出版社

2.《寄小读者》冰心著/湖北少年儿童出版社

3.《尼尔斯骑鹅旅行记》（瑞典）拉格洛美著/高子英、李之义译/人民文学出版社

4.《克雷洛夫寓言》（俄）克雷洛夫著/裴家勒译/译林出版社

5.《爱的教育》（意）埃迪蒙托·德·亚米契斯著/卢坚、孟容译/天津教育出版社

6.《上下五千年》曹余章著/甘肃文化出版社

7.《西游记》吴承恩著/时代文艺出版社

五年级

1.《水浒传》施耐庵著/广东人民出版社

2.《昆虫记》（法）法布尔著/王光译/作家出版社

3.《鲁滨孙漂流记》（英）笛福著/张蕾芳译/人民文学出版社

4.《中国兔子德国草》周锐、周双宁著/春风文艺出版社

5.《爱丽丝漫游奇境》（英）刘易斯·卡洛尔著/管沼淳译/知识出版社

6.《海底两万里》（法）凡尔纳著/管家琪译/北京出版社

7.《草房子》曹文轩著/江苏少儿出版社

8.《小学科学知识故事（高年级）》曹文轩编/北京大学出版社

六年级

1.《三国演义》罗贯中著/北京少年儿童出版社

2.《汤姆索娅历险记》（美）马克·吐温著/张友松译/福建少年儿童出版社

3.《钢铁是怎样炼成的》（俄）奥斯特洛夫斯基著/梅益译/人民文学出版社

4.《童年》（俄）高尔基著/亢甫译/浙江少年儿童出版社

5.《呼兰河传》萧红著/复旦大学出版社

6.《小王子》（法）圣埃克苏佩里著/艾柯译/云南美术出版社

7.《好兵帅克》（捷克）雅·哈谢克著/萧乾译/译林出版社

8.《红雨伞·红木屐》彭懿著/吉林出版社

9.《冰心儿童文学全集》冰心著/中国少年儿童出版社江苏文艺出版社

基于整本书阅读内容，结合学生阅读实际，上述内容作为基本阅读书目。对于读有余力的学生，教师及家长可以根据孩子的实际情况推荐符合孩子年龄特点、与语文教材内容同步的名家名著或中华经典。

小学生整本书阅读：如何读？

教学有法，教无定法。同理，整本书阅读的教学也有其独特的方法，但也不是固定不变的方法，需要因人而异。整本书阅读目标已经厘清，内容也已经确定。接下来是怎样推进阅读的落实，以实现整本书阅读的目标。笔者认为，从教学管理宏观上，至少需要在以下几方面发力。

1. 营造优良阅读环境

孟母三迁的故事大多数人应该都知晓，主要讲的是孟子母亲为了孟子的成长而三次选择居住环境的故事。这个故事的内涵非常丰富，带给我们的思考和启示至少有以下几点：一是良好的人文环境对人的成长和生活而言是十分重要的。二是社会环境与个人，特别是青少年的成长有直接的关系。环境造就人才，环境也淹没人才。三是人的成长、工作的推进是内因起主导作用，外因起决定作用。四是家庭教育对子女成长起重要作用。由此，我认为，推进小学生整本书阅读，学校、家庭、社会必须携手营造优良的阅读环境。

什么样的阅读环境是优良的阅读环境呢？我觉得至少做到两点：一是在硬件上，学生随处可读。无论是在教室还是在校园，无论是在家里还是在社区，只要是学生活动的地方，就有书可供学生阅读。在这方面，我们学校已经达到这个条件，绝大多数家庭也应该具备这个条件，我们的整个社会也正在通过多渠道、多方式努力创造这个条件。二是在软件上，学生随时可读。随处，即阅读的地方，阅读的空间。随时，则指阅读的地方、阅读的空间一定要安静，只有静下来，才能读下去。所以学校的阅览室要加强阅读管理，维护良好的阅读秩序，保证阅览室的安静，让学生不被环境感染，一进阅览室就开始阅读。教室是学生整本书阅读的主要地点，要推进整本书阅读，班主任以及语文教师要与学生约法三章，课外非读书时间一定要确保教室安静，为每一位同学创造良好的阅读、作业环境，保证学生静心阅读。整本书阅读的时间更多是在家里，家长更需要为孩子开辟阅读空间，将其设置在远离客厅、相对安静的房间，在孩子阅读时，家长关闭电视机，保持室内安静，最好也拿着书陪伴孩子一起阅读。

2. 保障足够阅读时间

整本书阅读，需要大量的时间才能完成。时间从何而来，需要老师和家长齐心协力。如果把整本书阅读的时间全部放在课堂上，这几乎是不可能完成的任务；如果全部放在课外，任由孩子自行阅读，也难以保障阅读内容落实。如何确保学生有足够的时间开展整本书阅读并取得良好的成效呢？

一是执行课表，上好每周阅读课。教师要利用好每周 1 节的阅读课，上好整本书阅读的三种课，即“导读课”，激发学生阅读兴趣，明确阅读活动开展的要求；“推进课”，在整本书阅读过程中，教师进行必要的组织和指导，不放任自流；“交流课”，在学生读完后，组织交流与分享，并适度引导学生进行更丰富、深入的阅读实践。

二是合理利用，用好学校闲暇时间。鲁迅先生曾说过：时间就像海绵里的水，只要愿意挤，总还是有的。学生有很多在校时间可以开展整本书阅读：每天早晨学生到校后朝读前，学生可以朗读整本书中的精彩语段；每天中午到校后午写前，学生可以自由默读、浏览整本书。

三是家校携手，发挥家庭主阵地。严格执行“双减”政策，切实减轻学生在校作业负担和校外培训负担，让孩子放学回家后有时间可以阅读。特别是利用课后服务时间，督导学生在校完成书写作业，让学生回家后利用睡前时间，每天阅读 30 分钟甚至 1 小时，鼓励亲子共读整本书。利用双休日及节假日的长时间，推荐好书阅读、整本书阅读。

3. 健全阅读促进机制

要引导学生爱上阅读，养成阅读的良好习惯，从而通过阅读拓宽阅读视野，提升阅读能力，丰富课余生活，必须建立健全一套行之有效的促进小学生整本书阅读的管理机制。

一是建立阅读打卡机制。教师引导学生以年级、班级或小组为单位定期开展“共读一本书”阅读打卡活动，制定共读计划和阅读日程安排表，开展每日阅读打卡，即学生每天按照计划或进度开展阅读，完成阅读后在班级阅读打卡栏或小组（个人）阅读记载本打卡即本上打卡确认，每天班长或小组长或者家长检查阅读打卡情况并督促落实。

二是建立分享交流机制。对于整本书阅读，《课标》对每个学段学生的读后分享都提出了明确的要求。如果我们把阅读当作营养吸收，那么分享则犹如能量释放。如果只阅读，不分享，将会形成虚胖；如果既阅读，又分享，那将促进良性循环。因此，在促进整本书阅读的过程中，教师要至少每月开展一次读书分享会，可以先小组分享，再每组轮流派代表班级分享，适当的时候还可以开展年级或全校读书分享活动。通过故事会、经典诵读、课本剧表演、好书推荐会、读后感演讲等方式，为学生整本书阅读搭建展示交流的平台，让学生获得阅读的成就感，激发持续阅读的动力。

三是建立定期评价机制。评价是一种导向，教师评价什么，学生就会关注什么。在整本书阅读推进中，学校和教师要用好评价这根指挥棒，把评价贯穿整本书阅读始终，充分调动学生整本书阅读的内驱力、积极性。对于每日阅读打卡坚持好的，开始时可以每周表彰“阅读之星”，在大部分学生养成阅读打卡习惯后可以改为每月评选表彰“阅读之星”。在每次“共读一本书”读完后组织开展的阅读分享或交流中，对表现优秀的学生或团队，授予“分享之星（团队）”荣誉称号，每学期结束，学校对学期整本书阅读表现突出的学生授予校级“阅读之星”称号。在每周、每月的表彰奖励，班主任或语文教师可以采取在班级群发喜报、卡通小奖状、祝贺信等方式，增强荣誉感，对学期“阅读之星”，除了学校发放奖状奖励外，还可以享有学校图书馆新书订购优先“推荐权”，更好满足学生的整本书阅读愿望。

四是建立全员全科阅读机制。北京大学中文系教授钱理群说，“什么是教育？就是爱读书的校长和爱读书的老师，带领着学生一起读书。就这么简单。但真要做到，还不容易”。因此，推进小学生整本书阅读，就是抓住了教育根本。为此，学校要首先抓好全体教师的阅读，培养教师阅读的良好习惯，以教师阅读促进学生阅读。语文教师要求学生整本书阅读的书目，教师必须和孩子一起读，然后才能一起交流、分享、探讨，教师才能更好地指导孩子阅读。此外，整本书阅读不应局限于语文学科，而应是全学科的阅读。因此，每一位学科教师都要向学生推荐适合学生阅读的本学科的书目，并带领学生一起阅读，形成全体教师、各个学科整本书阅读齐头并进、齐抓共管的生动局面。

中小学教育的目的是什么？钱理群教授的答案是：一是培养学生读书的兴趣；二是教给学生好的读书方法；三是养成读书的习惯。这也是我对小学生整本书阅读的思考和期待！

7. 人人爱沙画 个个学沙画[①]

——“沙画”校本课程建设与推进探幽

沙画是利用手工精制的天然细沙作画的艺术，它分为动态沙画和固彩沙画。动态沙画是一门集绘画、音乐、舞台表演、光影和数字技术于一体的现代综合艺术，其撒沙即成画的易操作性、转瞬即逝的魅力、变化多端的灵活手法让学生充满兴趣和探索欲，更能激发学生的创造力。固彩沙画区别于动态沙画能以实物永久保存，利用纸或油画框作画，通过滴满胶水而被长时间固定，彩沙作为原料体现出作品色彩丰富的特性，视觉效果强烈，具有油画效果的厚重感。

随着社会的不断发展，沙画已成为深受孩子们喜爱的一种艺术形式。为了满足孩子们的喜好和愿望，华中师范大学附属惠州大亚湾小学自 2019 年 9 月开设“沙画”社团本课程至今，已成为一门备受学生欢迎的校本课程，学生人人爱沙画、个个学沙画已成为现实。

一、课程建设背景

1. 实施“双新”的需要。2022 年 4 月，国家颁布了《义务教育课程方案》（后简称《方案》）、《义务教育艺术课程标准》（后简称《标准》）。《方案》指出：义务教育课程包括国家课程、地方课程和校本课程三类，《标准》提出“坚持以美育人，重视艺术体验，突出课程综合”的课程理念。为实施《方案》《标准》，开设校本课程，重视艺术体验，突出课程综合，我们结合小学“美术”课程和学校实际，开设了“沙画”校本课程。

2. 传承传统文化的需要。沙画艺术形式并非起源于国外，在中国有着深远的历史。沙画艺术不仅是一种艺术创作活动，也是一种带有传播性质的艺术活动，能作为沟通的桥梁、交流的途径。为了传承沙画这一传统文化，根据《关于实施中华优秀传统文化传承发展工程的意见》，我们把“沙画”作为

---

① 本文与王丹萍合作。

弘扬中国优秀传统文化提供有效的途径。

3. 践行办学理念的需要。近年来，我校一直致力于践行美好教育办学理念，努力让“人人享受美好校园生活、个个拥有美好校园回忆”。为此，我们在校本课程开设上，着力选择与办学理念有机融合的校本课程，努力打造办学特色。在这一思想的指导下，我们充分发挥“沙画”校本课程优势，通过与美术、手工、信息技术等学科融合，不仅可以让学生“人人享受美好校园生活”，还可以“个个拥有美好校园回忆”。

二、课程建设做法

1. 创造良好硬件环境。“沙画”课程不同于一般的校本课程，它需要专用的场地、设备、器材等硬件。为了确保“沙画”校本课程顺利开设，学校充分尊重美术教研组特别是沙画专任教师的意见、建议，在学校功能教室十分有限的情况下，将一间 100 平方米的大教室调整为“沙画”课程专门教室，并投资 5 万元采购 36 套沙画台，按照沙画台布局改造专用教室电源线路。为满足“沙画”教学需求，学校还为沙画教室增装投影仪、电脑等信息化教学设备，将原来不完全遮光的窗帘全部换装为不透光窗帘，每学期开学采购足量的彩沙。此外，为更好展示沙画艺术，学校还添置了沙画演示所需的摄像机、投影仪、音响等，为课程的实施创造了良好的硬件环境。

2. 培训优秀师资队伍。校本课程的开设成败，关键在教师。为了开好“沙画”校本课程，学校采取重点培养、以点带面方式培训课程教师。我校美术专业教师王丹萍在大学期间对沙画有所了解，到校工作以后工作有热情、肯钻研。为此，我们把她作为“沙画”课程建设的主要力量进行培养，通过选派出去学习、报名线上课程等，让王老师很快掌握了沙画教学基本方法。同时，学校鼓励王老师边学习边实践，在自己学习的同时尝试开设“沙画”兴趣课程班，带领学生一起学习沙画。2022 年以来，为全面深化“沙画”校本课程的开设，打造学校“沙画”特色，我们制订美术教师沙画技能的培训计划，由沙画骨干教师带领美术教师在每周的教研时间进行沙画基本技法的现场教学，每周推送一个线上沙画学习视频，分享和交流学习收获，加强沙画专业能力训练，各美术教师根据各班实际情况进行沙画基本技法的教学。目前，学校 4 名专职美术教师人人会沙画，一支优秀的沙画教师队伍成为我校“沙画”校本课程持续开设的有力保障。

3. 保障课程教学时间。从“沙画”1.0社团兴趣课程到“沙画”2.0校本课程，这既是量的飞跃，也是质的巨变。为了让“沙画”课程为我校的特色课程，“沙画”1.0社团兴趣课程每周五下午在学校兴趣课时间开设，每次2课时90分钟，参学学生30—40人左右。在进入“沙画”2.0时代后，学校将“沙画”课程拓展到“美术”课堂，每学期每班开设不少于2节“沙画”课程，使全校学生人人有机会走进沙画教室，学习“沙画”课程，实现了“沙画”课程的普及。同时，沙画骨干教师王丹萍老师依然利用课后服务时间和校本兴趣课时间持续开设“沙画”课程，着力培养具有沙画特长的学生，满足不同层次学生的学习需求。

4. 开展课程教学研究。沙画是一项表现力很强的艺术形式，需要通过合适的内容加以体现。为了让学生学习沙画，我们除了教学孩子沙画基本技法外，还需要丰富的内容作为载体进行教学。为此，我们以沙画校本课程课题研究成功立项惠州市“十四五”研究课题为契机，将“沙画”校本课程系统化。课程涵盖1—6年级共24节课，每学年每周4节课。作为美术课程的一部分，在“沙画”课程的总体构架中，我们主要选取本校所用的“湘教版”小学美术教材相关内容，并与“部编版”小学语文教材、“人音版”小学音乐教材部分资源结合，作为“沙画”课程的教学内容。课程总体框架设计如图1、表1所示：

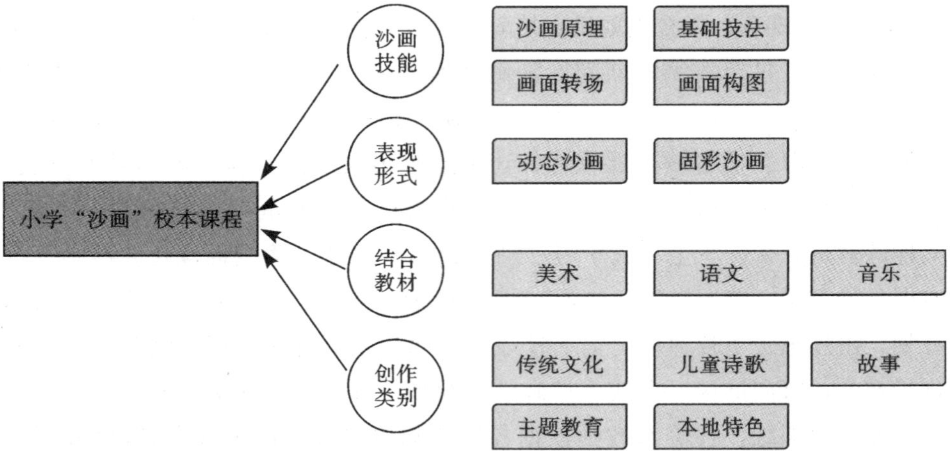

图1 小学“沙画”校本课程总体框架

表1　小学"沙画"校本课程各学段教学内容

学段	年级	序号	沙画技能	形式	结合教学资源	类别
第一学段	一年级	1	沙画原理及基础技法一（撒沙、漏沙、铺沙、勾沙、抠沙、抹沙）	动态	语文上册4——日月水火	传统文化
		2	沙画基础技法二（点沙、弹沙、拍沙、捏沙、推沙）		语文上册2——小小的船	儿童诗歌
		3	自编儿童诗沙画及两个画面转场		语文上册7——七彩飞虹	
		4	沙画基础技法三（丢沙、甩沙）		语文下册12——池上	传统文化
	二年级	5	沙画故事中动物画法一及多个画面转场		语文上册1——小蝌蚪找妈妈	童话故事寓言故事
		6	沙画故事中动物画法二		语文上册11——坐井观天	
		7	沙画中诗情画意		语文下册1——村居	传统文化
		8	沙画表现传统节日		语文下册2——传统节日	
第二学段	三年级	9	沙画中人物画法		美术下册2——生日快乐	儿童诗歌
		10	沙画中场景人物画法及画面构图		美术下册6——风来了	
		11	沙画表现尊师教育主题		音乐下册7——每当我走过老师窗前、美术上册1——老师您好	主题教育
		12	彩沙的色彩联想		美术下册14——彩色的梦	儿童诗歌
	四年级	13	沙画表现爱国教育主题		美术上册1——祖国在心中，音乐上册1——歌唱祖国	主题教育
		14	沙画表现传统习俗		音乐上册6——划龙船	传统文化
		15	沙画表现本地海湾特色		音乐上册6——小螺号	本地特色
		16	固彩表现本地风景特色	固彩	美术上册7——窗口	
第三学段	五年级	17	固彩表现本地建筑特色		美术上册2——家乡的古建筑	
		18	固彩表现世界名画		美术下册1——童心巨匠	主题教育
		19	固彩表现中国梦教育主题		美术下册7——飞天畅想	
		20	团扇固彩表现本地乡间小路特色		音乐上册5——故乡的小路、美术下册9——团扇	本地特色
	六年级	21	固彩表现本土美景特色		美术上册3——美丽家园	
		22	沙画表现环保教育主题	动态	美术上册9——生命的甘露	主题教育
		23	沙画中的情感表达		音乐下册1——游子吟	传统文化
		24	沙画表现美好校园主题		学校办学理念	主题教育

“沙画”校本课程旨在让学生在课堂中提升审美素养、陶冶高尚情操、塑造美好心灵、激发创新活力，正确引导学生的价值取向，使“沙画”课程成为学生在人生教育过程中重要的美育课程。通过“沙画”课程学习，让学生爱上沙画，掌握基础技法，能独立完成沙画表演和固彩沙画创作，使美术教学更加多元，美术课堂教学内容更丰富，学校美术特色更加突出。

5. 加强课程开设管理。为确保“沙画”校本课程开设取得实效，学校采取多渠道多形式加强管理。一是加强研究管理。为了提高美术教师的沙画专业能力，学校对沙画研究采取“四定”策略，即定时间，学校将美术教研时间纳入课程表，确保研讨时间每周 2 课时；定地点，每周研讨时教师集中在沙画室；定主题，每次研讨围绕一个主题，开展集体学习；定方式，每次研讨采取集中观看视频学习与骨干教师现场指导相结合。同时，学校领导还定期参与沙画研讨中，研究解决“沙画”校本课程开设中面临的困难和问题。二是加强过程管理。为了确保课程落到实处，每天课后服务、每周校本兴趣课时间，学校领导及教务处会对“沙画”校本课程上课情况进行巡视检查，每月常规检查对美术教师沙画备课情况进行专项检查。三是加强评价管理。每学期课程学习结束时，学校都以沙画兴趣课程班为单位组织开展“特长之星”评选，对获得区级及以上奖励的学生和个人申报、学生互评后表现优秀的前 20%学生授予“特长之星”荣誉称号。

三、课程建设成效

我校自“沙画”校本课程开设以来，取得了显著的成绩，据不完全统计，学校已累计有近 50 件沙画作品在区级以上获奖，其中：2021 年 5 月在“广东省第一届许钦松乡村美术教育奖”中，我校选送的 14 幅沙画作品展出并被“广东省许钦松艺术基金会”永久收藏；2021 年 10 月，在“广东省青少年红心向党主题书画比赛”中，10 名学生创作获得 4 个金奖、5 个银奖、1 个铜奖的佳绩；2022 年 12 月，在“惠州市中小学乡土文化英语教学视频资源征集比赛”中，3 名学生的原创沙画视频英语配音获得一等奖。近年来，学生多人次以沙画的形式参与学校区级各类文艺汇演，并助力创造佳绩，每逢节假日学校录制的学生沙画视频在学校公众号及视频号推送后，赢得社会各界的高度评价。2020 年 11 月，在大亚湾艺术展演中，学校沙画展览荣获团体一等奖，2021 年 7 月，专任教师王丹萍撰写的论文《沙画艺术——小学美术教学新路径》获一等奖并发表在《大亚湾教研》上。

四、课程建设探讨

“沙画”校本课程虽然在我校已经开设近五年并取得了一定的成绩，但也面临不少困难和问题，有待在今后的实践中加以完善。

一是沙画教学资源不足。沙画艺术教育虽然深受学生喜爱，但由于普及不够，可借鉴使用的成品资源匮乏，教师只能花费更多的时间自行制作，这无疑加重了教师的教学负担。

二是沙画课程内容不丰富。从最初的白手起家，到目前的课程体系逐步建立，我们一直在摸索中前进，但与学生学习沙画的需求相比，已有的沙画课程仍然无法满足学生学习需要，课程内容仍然较为单一。

三是沙画课程专门教室需要改造升级。由于沙画教室建设使用已有几年，加之沙画台使用损耗较大，亟待改造升级，对整个沙画教室进行全方位的改造升级，可以为孩子创设更优美的学习环境。

8. 实施新课程方案促进学生全面发展

——华中师范大学附属惠州大亚湾小学课程实施方案（2022—2024 年）

为严格执行并认真落实教育部印发的《义务教育课程方案（2022 年版）》（后简称《方案》），立足美好教育办学理念，学校结合资源实际，特制订学校课程实施方案。

一、指导思想

以《方案》为指南，以美好教育理念为根本，以美好课程为载体，以培养“六美”（美心、美智、美体、美趣、美言、美行）学生为目标，通过共创美好教育，共享教育美好，努力让全体师生人人拥有美好校园生活，个个拥有美好校园回忆。

二、实施目标

1. 培养“三有”新人。牢牢把握教育“为党育人，为国育才”的总目标，依托课程育人，促进学生德、智、体、美、劳全面发展，培养有理想、有本领、有担当的时代新人。

2. 发展个性特长。立足学校办学条件和师资队伍实际，充分发掘社会资源，遵循学生的兴趣爱好，广泛开设各类校本课程，着力发展学生个性，培养学生特长。

3. 成就美好名师。抓住新一轮课程实施的契机，采取多渠道多形式培训教师队伍，引导教师在学习中领悟，在实践中提升，在反思中成长，力争在开齐课程、开足课程、开好课程的基础上着力打造独具学校特色的美好课程，力争通过努力，打造 3—5 门在区域内有较大影响力的校本特色美好课程，成就 3—5 名区级名师、2—3 名市级名师。

三、主要策略

1. 落实三级课程。根据《方案》，开齐国家课程，继续抓好“道德与法治”“科学”课程从一年级开设落实，全面启动“综合实践活动”“劳动”课程提前到一年级开设；遴选地方课程进课堂，重点开好“专题教育”“书法”（3—6 年级）等课程；结合学校实际，开好以“身心健康”为核心的体育心理类“美心”课程，以“学习能力”为核心的宽基赋能类“美慧”课程，以“创新发展”为核心的科技、劳动、艺术类“美雅”课程，以“完善学生人格”为核心的品德类“美德”课程。

2. 开足开好课程。对三级课程的开设，严格按照上级课程课时计划，开足课时，确保不压缩、不精减，重点保障体育、艺术课程课时落实到位，特别是确保体育课程课时上的“第三学科”地位，1—2 年级每周 4 课时，3—6 年级每周 3 课时，每天“体育课＋体育大课间＋眼保健操＋课后服务运动”不少于 1 小时，确保学生睡眠时间达到 10 小时。在学科门类增加、师资总量不变的情况下，确保新增的“综合实践活动”“劳动”以及“科学”“道德与法治”等课程做到“三落实一达标”，即专兼任教师落实、周课时量落实、教学内容落实、教学质量达标。

3. 打造特色课程。以国家课程为纲，以校本课程为目，在国家课程中拓展校本课程，形成具有学校特色的校本课程。以全国青少年足球进校园特色学校和大亚湾区女子足球基地学校为契机，将足球课程纳入学校体育课，1—2 年级每周开设 1 节足球课，组建各年龄组男女校级足球队，提升学生体育技能；以广东省心理健康特色学校为契机，开好 3—6 年级心理健康特色校本课程，保证每两周 1 节心理健康课程，培育健全人格；以学校美术骨干教师自身特长为契机，全面推进沙画艺术进美术课堂，打造学校沙画特色校本课程。

4. 夯实实践课程。2022 年版《方案》突出了综合性，强化了实践性，以“双减”政策为契机，以“综合实践活动”课程、“劳动”课程及各学科跨学科主题学习活动、“我们的节日”德育课程等内容为依托，充分利用学生放学后、寒暑假等时间，组织引导学生积极参与课外实践活动，通过家务劳动、手工制作、体育运动、阅读表演、科学考察、参观走访等载体切实提升学生实践能力。

四、实施内容

1. 国家课程

小学阶段共开设 11 门国家课程。包括“语文”“数学”“英语”“体育与健康”“音乐”“美术”“道德与法治”“科学”“信息科技”“综合实践”“劳动”。根据课程方案，结合学校实际，各学科课程设置及课时安排如下：

“语文”1—6年级每周开设课程分别为9、8、8、7、6、6、6课时，其中3—6年级语文课中各单列1节“书法”；

“数学”1—6年级每周开设课程分别为3、4、4、5、5、5课时；

“体育与健康”1—2年级每周4节，其中单列足球课1节，3—6年级3节，其中每两周开设“心理健康”课程1节；

“音乐”“美术”1—2年级每周各开设2课时，3—6年级每周合计开设3课时；

“道德与法治”1—6年级每周2课时；

“英语”3—6年级每周开设3课时；

“科学”1—2年级每周1课时，3—6年级每周2课时；

“综合实践”“劳动”从一年级开始每周开设1课时；

“信息科技”课程从小学三年级开始开设，每周1课时。

2. 地方课程

结合本地区教育主管部门要求和学校实际，学校开设“专题教育”课程。“专题教育”为学校综合性课程，具体内容涵盖“少先队活动”“安全教育”“心理健康辅导”“禁毒教育”“防溺水教育”以及主题教育活动。

3. 校本课程

根据学校办学理念，学校开设系列美好校本特色课程，每周2课时。同时利用课后服务时间进行适当延伸。

以“身心健康”为核心的体育心理类“美心”课程：足球、篮球、乒乓球、舞蹈、跆拳道、跳绳等；此外，学校还利用大课间时间开设“广播体操”“校本操——大梦想家”跑操等课程，每天运动30分钟，上午第三节课前学生齐做“眼保健操”，每天5分钟，保护视力。

以“学习能力”为核心的宽基赋能类“美慧”课程：计算机编程、围棋、创意绘画、电脑绘画等。

以“创新发展”为核心的科技、劳动、艺术类“美雅”课程：合唱、手工、沙画、五子棋、跳棋等。

以“完善学生人格”为核心的品德类“美德”课程：国画、书法、小主持人、中国象棋等。

五、保障措施

1. 加强组织领导。为切实落实好学校课程方案，学校成立以罗晓校长为组长，党支部书记何冰森、副校长黄国臣、吴剑锋为副组长，各处室负责人为成员的华中师范大学附属惠州大亚湾小学课程方案实施领导小组，统筹学校课程方案的实施工作。

2. 加大培训力度。积极利用国家及广东省各级各类基础教育培训平台资源，组织教师按要求参加以新课程方案、新课程标准学习为主要内容的各类线上培训，同时积极参加华中师范大学教育集团组织安排的各类新课程新课标线上培训，在可能的情况下，选派骨干教师参加惠州市、大亚湾区的各类线下培训，切实提升教师新课程方案新课程标准的领悟力、实施力。

3. 保障经费投入。为保障新课程方案的实施，学校将加大对实施新课程的投入力度，确保师资培训经费落实、专业师资队伍聘用经费落实、课程实施条件设施落实，满足新课程实施的经费需求。

4. 狠抓考核评价。为确保学校新课程方案落到实处，学校每学年秋季开学做好认真制定好“三表”，即课程安排一览表、教师课程分工表及课表；开学第一周组织上好听好第一课，督促任课教师严格按照课程表上好每一学科的第一节课；学校分管教学领导及值周领导不定期对学校教师上课情况进行巡查反馈，发现问题及时沟通，发现亮点及时推广；加大对课程方案实施的考核评价力度，利用市区期末质量监测、国家义务教育质量监测、国家学生体质监测以及学校 3—6 年期末考试、1—2 年级快乐游园活动、3—6 年级非文字学科无笔纸抽测等途径，科学考核评价课程实施成效。

5. 表彰奖励先进。以学年为单位，对在新课程实施中虚心学习、积极进取、勤于钻研、成效突出的教师及团队，在表彰奖励、晋职晋级、年度考核、绩效发放等中予以倾斜，鼓励争先创优。

9.“六个优化”夯实常规①

为引导教师聚焦课堂、聚焦目标、聚焦质量，根据教育部等8部门联合印发的《关于进一步激发中小学办学活力的若干意见》，现就充分发挥团队优势、激发教研组及每一位教师的内生活力、优化教学常规管理提出如下意见。

一、优化备课管理

1. 充分认识备课意义。充分认识备课在教学常规中的基础性地位和关键性作用，备好课是上好课的前提，是提高教育质量的根本保证。教师备好课是职责所在，是成长所需，是社会所盼，是质量所求。优化备课管理，必须进一步加强教师备课管理，而不是削弱备课管理。

2. 切实正视备课问题。教师备课中存在的抄教案、突击补抄教案迎接检查、备课本教案与实际教学脱节、“两张皮”等问题，要科学分析问题产生的根本原因，有的放矢采取解决措施，真正发挥备课的原本之意和应有作用。

3. 努力改进备课方式。鼓励多种形式备课，在继续坚持传统备课本手写备课的同时，教研组（备课组）务必按单元对重点、难点内容集体备课，年级组内语数学科每两周集体备课不得少于1次（2节课，定时间有记载，集体备课时间报教务处汇总后全校公布），支持有经验（三年以上或任教同一年级同一学科两届）的教师电子备课，在共享电子备课、集体备课教案的基础上进行二次备课，鼓励教学质量在年级处于前列（排名前列且优势明显）的教师开展自主有效备课方式探索实践。

4. 优化备课评价标准。实行多种备课形式相结合的方式和因人而异分类备课评价。参加工作时间不满三年的教师须手写教案；参加工作满三年不足六年的教师手写教案（含集体备课共享）课时量不得少于总课时量的60%，参加工作六年以上的教师手写教案（含集体备课共享）课时量不得少于总课时量的30%，其他课时可以电子（含PPT）备课、书本备课等。所有集体备

① 本文曾在中国教育报刊社、中教传媒智库主办的《教育改革情报》上发表，原标题为《依托“六个”优化提高教学质量》。

课、电子备课均需要进行二次备课。同一年级科学、道德与法治等综合学科由多位教师任教的，可以由任教教师分工合作共享电子备课。对教学质量高、效果好及备课一直认真的教师实行免检全优制度，充分调动教师认真备课的积极性，发挥其创造性。

二、优化上课管理

1. 正确认识上课在教学常规管理中的重要地位。上课是教师履行职责完成教学任务的核心环节，课堂是落实立德树人根本任务提高教学质量的主要阵地。

2. 认真执行教师候课和课前诵读（唱）制度。教师要按照学校作息和课程表，预备铃响提前候课，组织学生开展课前微诵读（唱），做好上课准备，快速进入学习状态。坚决杜绝教师上课迟到现象。

3. 严格规范教师上课行为。教师要遵守师德规范，上班期间不得饮酒后进入课堂；上课时手机原则上不得带入课堂，如带入课堂必须设置为静音状态，且不得使用手机等；非孕妇、非学生考试或课堂练习时间教师不得坐着上课或批改作业；惩戒学生需要坚持教育性、引导性原则，惩戒极少数，保证安全性。

4. 以常态化巡课评价教师上课。实行学校领导及分管处室负责人日常巡课制度，巡课中发现的问题及时与当事教师沟通、反馈、提醒，凡是巡课中发现教师因请假未能自行调整好课程导致空堂的，当月上课评价计 0 分，教师上课迟到、使用手机、将学生阻挡在教室门外、体罚学生、课堂上同时惩戒学生超过班级人数的 20％的每次减 5 分，课堂教学纪律差、吵闹甚至混乱、坐着上课等每次依情减 1—5 分。

三、优化作业管理

1. 重视作业的设计与布置。作业是检验课堂教学效果的主要途径，是学生学习情况最直接的反馈。教师要根据教学重点、难点、考点，精心设计和布置作业，同步完成书本习题、南方课堂等作业，保证数量达到各年级各学科规定标准，保证作业的针对性和实效性。

2. 尽量保证作业的统一性。同一年级同一学科教师要加强组内研讨与交流，确保作业布置的种类、数量、时间基本统一。在坚持以基础性、巩固性作业为主的前提下每天给学生布置课外阅读、摘抄等作业，培养学生良好的阅读习惯，在周末、节假日等时机适当布置拓展性、实践性作业。

3. 分类做好作业的批改。作业批改是教师了解学生学习情况的最有效的方式方法，也是教师改进教学的主要依据。对作文、同步练习册等重点作业要详批详改、督促订正、二次批改，对于三年级及以上的字词抄写、每日口算、书本习题等课堂作业可以抽查批改与集体批改、同学之间互批互改后教师再批改、教师当堂集体评讲批改等方式，对于课外阅读、摘抄等作业可以采取定期举行班级读书分享会的方式进行检查反馈，对实践性、拓展性作业可以在班级或年级内组织优秀成果展，并颁发奖状、奖品。

四、优化培优辅差

1. 增强培优辅差意识。正确看待学优生、学困生，高度重视培优辅差，努力做到因材施教，通过个性化辅导，确保班级整体水平均衡，以培优辅差提升整体教学质量。

2. 认真落实培优辅差工作。每学期初，各教师都要准确掌握本班本学科学优生、学困生情况，并确定重点培优对象和辅差对象（各 3—5 名）、确定培优辅差时间，做好日常培优辅差工作。教师每周要根据学生实际对学优生、学困生进行定时不定时辅导，满足学生个性化需求。

3. 实行培优辅差综合评价。培优辅差评价实行过程评价与结果评价相结合，每月语、数、英教师培优辅差次数合计不少于 8 次，缺一次降低一个等次评价。同时每学期根据单元测试成绩实行发展性评价，辅差对象在班级提升超过 3 个名次或年级提升超过 9 个名次视为效果良好，班级提升超过 5 个名次、年级提升超过 15 个名次视为优秀；对培优对象实行自我比较评价与年级比较评价相结合的方式，学科成绩提升即视为优秀。

五、优化考试管理

1. 规范做好全校性统一考试。根据上级教育主管部门减轻学生课业负担有关规定，3—6 年级每学期可集中组织 1 次全校性考试。集中考试学科为语、数、英学科，实行“五统一”，即统一试卷、统一监考、统一阅卷、统一质量分析、统一总结表彰，其他年级、学科采取技能抽测。

2. 科学精准进行质量分析。质量分析既要有等级统计，又有优秀率、良好率、合格率、不合格率等方面的统计，还要有精确到试卷每一个小题的得分率统计，确保质量分析精准，学生学习水平一目了然，改进措施制定有据可依。

六、优化教研管理

1. 切实发挥以研促教作用。教学研究必须基于教学、基于课堂，必须坚持目标引领、问题导向、实际需要，必须服务于教师、服务于教学，必须以提高质量为第一目标和最终目标，杜绝一切形式主义的伪教研。

2. 大力支持教学研究工作。高度重视教学研究工作，引导并全力支持教师积极参加学科组集体备课、教研组每周研讨、学校每期课题研讨、校级微课题及区级以上科研课题申报等。

3. 坚持面向全体与鼓励争先创优。教育科研评价中每学期教师需要做到“三个一”，即每周线上、线下各听 1 节课、参与 1 次研讨（综合学科酌情减半），每学期人人执教 1 节研讨课，撰写 1 篇有质量的教学论文或者教后反思、教育叙事、教学设计等。鼓励有兴趣、有能力的教师每年自主申报校级微课题、申报或参与区级及以上科研课题研究并发挥相应作用，努力提升专业水平，切实提高教学质量。

10. 教育信息化赋能优质化[①]

——教育信息化带来的偏远地区教育的巨变

谁都难以相信华中师范大学附属惠州大亚湾小学曾是偏远荒芜的老畲村，在惠州最西、深圳最东，当时只有 300 多户村民。10 年间，这儿建起 100 多栋高楼，有 6 万多常住人口。何以吸引这么多人到这儿安居乐业？除了比邻深圳这个地理优势和优美舒适居住条件外，还因为 2014 年大亚湾区与华中师范大学附属学校合作办学，依靠华中师范大学的优厚教育资源，在这儿办起了老百姓家门口的优质学校。不到 8 年的时间，学校先后成为全国青少年校园足球特色学校，授予广东省心理健康特色学校、绿色学校、健康促进学校、中小学教师信息技术应用能力提升工程 2.0 试点学校、文明校园创建先进学校等称号。在探寻“学校优质化发展密码”时，“教育信息化”成为校长口中的高频词。

一、信息化＋专业发展：赋能教师快速成长

教育信息化助力教师专业快速成长。办学之初，学校实现信息技术班班通，教师们将学科教学与信息技术融合，成为教师教学时尚，热情高涨。大家积极参与华师附小两地共享集体备课和教研，弥补华师跟岗培训意犹未尽的遗憾。这两年华师几乎都是举行网上教师培训。培养出一批骨干教师，成立了“孙憬英语工作室”“郝文静名班主任工作室”，教师杨乐和钟嘉妮还出了专著。

教育信息化助力教师走向智慧教育之路。2023 年，区宣教局扶持，全部更新迭代为希沃电子白板一体机。学校举行希沃电子白板应用能力展示大赛，以赛促用、以赛促学、以赛促研，数学组展示出希沃电子白板应用于教学 20 余种功能，其他学科也根据自己的需要探索出富有学科特色技术多种应用。以省中小学教师信息化应用能力提升工程 2.0 契机，教师们线上学、线下研、

---

① 本文与罗晓合作，曾作为大亚湾区“教育这十年”典型案例被推荐上报。

课中用，教育的手段变多了，远程关注到教室学生活动的异常，及时制止安全隐患；教学方式变得有吸引力了，孩子们喜欢的“游戏化”闯关晋级学习竞赛被广泛应用，运用大数据进行精准教学也进入了探索视野……

教育信息化带动一批教师“成名成家”。近两年来，1 名教师荣获“南粤优秀教师”殊荣，2 名教师的教学案例在省级比赛中获奖，1 名教师成为惠州市“头阵计划”团队负责人，13 名教师受到区级及以上教育主管部门表彰奖励，340 余人次在区级及以上各类活动中受到表彰奖励或论文得以发表。

二、信息化＋“五育融合”：赋能学生全面发展

全面贯彻党的教育方针，学校基于信息化探寻“五育融合”赋能学生全面发展。

信息技术赋能学生管理。“亲爱的同学们，上午放学时间到了。请关灯关电关窗门，排队下楼靠右行……校门周边不逗留，摊贩零食不闻问，防范溺水牢记心，河塘岸边勿靠近。”这是学校“小白鸽”广播站每天定时播报的朗朗上口的提示语，安全、卫生、文明、礼仪等教育引领依托信息化融入日常。

信息技术赋能特色课程开设。运用软件开设“沙画”课程，沙画的艺术美感通过技术手段将形、声、光、色、动、静融为一体，受到普遍欢迎。根据古诗文意境，发挥想象，摄像仪同步录制撒、铺、抠、抹、捏、勾的过程，配上背景音乐形成作品，这项综合实践有效促进学生跨界学习，培养创新实践能力。

信息技术赋能校园文化活动。2022 年“六一”前夕，学校举办第八届“美好童年记忆之艺术节‘喜迎二十大，唱支歌儿给党听’”班歌比赛，通过学校视频号迅速传给每一位师生、家长及关系学校发展的各界人士。“共创美好教育共享教育美好”成为一幅幅动人的优质教育风景画。

信息技术赋能“居家学习”。疫情防控常态化情况下，线上、线下随机切换，学生停课不停学、教师停课不停教，推送国家教育平台优质教育资源集中观看和教师因班级学生学情及时指导结合，保障了教学任务的完成。疫情持续两年，学校质量稳步提升，2021 年 9 月荣获区“教学质量进步奖”。

三、信息化＋家校共育：赋能家长科学育儿

《中华人民共和国家庭教育促进法》颁布后，为提高家长的科学育儿水平。惠州市家庭教育专家团核心成员、学校校长罗晓积极争取多方支持，“惠

家教大亚湾联系点”花落学校，华中师范大学家庭教育北京研究院将学校作为家庭教育示范学校，两块牌子的落户带来了极为丰富、针对性强的家庭教育线上课程，想学习、有问题的家长能够随时随地地自主学习科学育儿知识。据初步统计，2022 年 3 月以来，两个平台参学家长近万人次，人均近 8 次。学生李怡泽妈妈在听了“华大新父母在线”关于感恩的家庭教育课程后写道：要让孩子懂得感恩，最好父母先行。有父母的榜样，孩子也更乐于学习和实践，孩子更容易懂得感恩。信息化赋能家长科学育儿效果初显。

一路走来，我们深深感受到：“教育信息化＋学校发展”为学校优质均衡发展提供了保障，缩小了城乡教育差距，促进了优质教育资源共享，开阔了偏远地区教育视野，满足了百姓为孩子提供美好教育的需求。在教育新时代，我们将持续借力信息技术和智能科技，为党育人，为国育才，为中华民族伟大复兴做出教育人的贡献！

11. 找准抓手提高质量

新学期，新班子，需要新举措、新气象。在今后的教学教研管理中，如何提高教育质量？这亟待我们找准抓手。

一、抓常规

抓常规就是抓质量，抓质量就必须抓常规。没有规范的常规管理，就没有规范的常规教学，就不可能保证良好的教学质量。基于这一基本认识和判断，我们从以下三个方面切实抓好常规。

一是立标准。针对学校已有教学“五认真”要求，我们将教师的备、教、辅、改、考工作要求具体化、数量化、可检测。根据教师多头带课、任务繁重的问题，我们优化教师集体备课，实行主备基础上的二次备课，切实减轻教师备课负担。鉴于新教师数量多、作业布置批改不统一问题，我们及时出台了《华附二小学科作业布置及批改规范》，倡导教师作业布置及批改在相对统一的基础上彰显个性。

二是重过程。将每学期教学常规检查分为开学常规检查、期末常规检查及月度常规检查。课程教学中心组织成立教学常规检查领导小组和检查专班，按时按项目进行检查，并及时反馈，肯定优点，指出不足，提出改进措施。

三是优评价。将教学常规检查由等级抽象评价优化为百分制量化评价，评价方式由过去的单一学校评优化为教师评后学校再评，把评价标准、评价权利还给教师，让每一位教师都明确学校常规评价标准、自身长短。

二、抓课堂

提高教学质量，关键在课堂，关键在课堂教学，关键在课堂上学生的学习。为此，我们已经并将继续采取以下措施来切实抓好课堂。

一是制定课堂常规。我们制定了《华附二小学课堂教学常规》，从师生的课前准备、候课、坐姿、问好、举手、阅读、表达、质疑、姿势、讨论、交流等 18 个方面做了明确具体的规定，使师生课堂教学做到有章可循、有规可依。

二是加强课堂巡查。从本学期开学起，为避免出现教室空堂现象，规范教师教学行为，加强课程开设管理，保障教学内容落实，促进教学效率提高，我们正式试行课堂教学巡课制度，每天由校长、分管校长、课程教学中心主任和值周领导对全校课堂教学情况进行巡查，并将巡查结果交由课程中心统一汇总，纳入常规评价。

三是实行随堂听课。随堂听课采取定向安排听课、干部预约听课和校长随堂听课等多种形式，以听课促进教师认真备课、认真上课，提高课堂教学的有效性。开学初，为督促教学迅速上路，我们统一安排学校教研组长以上干部定向听取了教师的开学第一课。开学以来，我校随堂听课持续深入。

三、抓研训

教师是提高教学质量的决定性因素。因此，提高教学质量，必须首先提高教师队伍素质，提高教师的教育教学能力和水平。针对我校教师几乎都是新参加教育工作、没有教学经验这一实际情况，我们采取多种渠道对教师进行研训。

一是依托规划抓研训。每学期开学伊始，学校组织教师开展教师个人专业发展规划的编制工作，着重围绕个人专业现状分析、自我发展目标和自我发展计划三大板块进行编制，并按要求认真填写《教师个人专业发展规划表》。学年末学校将集中对照教师个人专业发展规划开展个人自评、教研组初评和学校终评。

二是立足阅读抓研训。为教师列出阅读书目清单，推荐教师重点阅读。具体包括学科《义务教育课程标准》《中国学生发展核心素养》《义务教育学校管理标准》等，适时组织教师阅读测试。继续深入开展“大雅读书”活动，引导教师定期阅读教育专著，提升教育理论功底。每周利用教师例会安排教师进行读书分享，通过微信平台编发“大雅读书会”专栏微信。

三是围绕课例抓研训。深入、持续、定期开展学科研训活动，每周每学科组织开展一次课例研究。课例研究采取教师上课、说课，全体学科教师听课、评课，学校中层以上干部以包学科蹲教研组的方式进行现场指导。在课例研究中，执教教师把课例研究主题与学校承担的省市区级课题有机结合，实现教科研一体化。

四是大力外派抓研训。高度重视教师专业发展，积极选派教师参加区宣教局组织或转发的各类教师听课、专家报告等研训活动，依靠华师平台选派教师进行跟岗培训。所有外派教师研训返校后必须做到“三个一”，即提交一篇学习心得、提供一节汇报课、提出一条教育教学建议。

五是结对帮扶抓研训。虽然我校多为新参加工作的教师，但通过两年的努力，不少教师已逐步走向成熟。为促进全体教师共同成长、快速成长，充分发挥教学经验，我们每学年初启动实施“青萝工程”，安排本学期新聘用教师与已有一定经验教师结对，并签订师徒结对协议，明确师徒双方的责任义务和考核评价标准。

后　记

从参加教育工作之日起，至今已有三十又一年，虽然岗位几经变换，但梦想从未改变——教好书，育好人，不负人生，不负时代！

三十余年来，人生航行的方向从未改变，前进的脚步从未停歇，紧握的笔杆也从未放下。从一线教师到学校管理者，从学校管理者到教育行政机关工作者，无论在什么岗位，始终坚持以我之手写我之行、以我之手写我之思，体裁从新闻、通讯、调研报告、讲话稿到典型案例、经验材料、论文、评论等。至于究竟写了多少篇多少字，从没有统计过，现在也无法完整地统计。但这本《教育，这样可以更美好》中的文章大多数源自我进入华师合作办学平台、加入大亚湾教育行列的所行、所思！

忆往昔，时光飞逝如电；再回首，一切仿佛还在昨日。在美丽的大亚湾工作中，我享受到的是华大教育集团的高位引领和精准指导，领略到的是大亚湾经济开发区管委会的开放包容和充分信任，体验到的是龙光集团东圳房地产公司的优质服务和优良保障，收获到的是华中师范大学附属惠州大亚湾小学的美好理念和美好实践。在这样一个优越的工作环境里，唯有夜以继日地投入其中，唯有马不停蹄地风雨兼程，唯有深谋远虑地科学规划，唯有深入浅出地精心指导，唯有孜孜不倦地深耕细作，方能不负这个伟大的社会主义新时代，方能不负合作办学三方的殷殷重托，方能不负众多学子及背后家庭的无限信任！

在美好教育理念的指引下，在罗晓校长的带领下，我尽己所能，努力在分管的工作中开辟新天地，探索新路径，创造新业绩，助力新发展，取得新经验。四年多来，在学校管理、质量提升、教师发展、学生成长、家校共育等诸多方面，既仰望星空，又脚踏实地，默默耕耘，创新创造，学校发展取得了显著的成绩，成为区域内示范性、辐射性、特色性学校，累计撰写的30多篇文章在各级各类媒体刊物上发表或获奖。《教育，这样可以更美好》即以此为基础结集成书。

在本书成稿之后，感谢华中师范大学研究生院院长、博士生导师、二级教授雷万鹏先生，在研究任务繁重与行政管理事务繁杂的万忙之中抽空审阅文稿并欣然作序！感谢素未谋面的微友、日常写作的导师、中国教育报刊社《教育改革情报》原执行主编刘博智先生再次以编辑的身份全面审阅书稿并挥笔作序！

在本书的组稿编撰审定过程中，得到了华中师范大学附属小学原校长、华中师范大学附属严西湖小学校长姚小明先生，大亚湾区教研室负责人郭永华先生及孙宏英老师，华中师范大学附属惠州大亚湾第二小学校长叶祥佳先生，华中师范大学附属惠州大亚湾小学校长罗晓女士、党支部书记何冰森先生、副校长吴剑锋先生，华中师范大学出版社胡小忠编辑等各位专家、领导的全过程、全方位的指导，在此特致以最诚挚的谢意！

写作虽然很辛苦，但也很快乐！通过写作，促进了学识的积累和专业的学习，也促进了深度的思考，更重要的是在写作中知道了自己的不足！由于本人水平、能力有限，本书恐有诸多不当之处，敬请大家当面或以邮件（919197651@qq.com）的形式批评指正！

黄国臣

2023 年 8 月 28 日于大亚湾